放送大学叢書036

社会調査

しくみと考えかた

社会調査　しくみと考えかた　目次

はじめに

二〇〇五年度から一四年度までの一〇年間、浅川達人氏（明治学院大学教授）と私は放送大学のテレビ授業「社会調査」を担当した。本書は、その教科書（原純輔・浅川達人『社会調査［改訂版］』放送大学教育振興会、二〇〇九年）をもとに、構成や内容に変更・修正を加えてまとめたものである。ただし、トーンの一貫性を重視して、今回は私が単独で執筆することとした。この方針を承諾していただいた浅川氏には、厚く感謝したい。もし浅川氏が単独で執筆されたならば、その内容は本書とは違ったものとなっていただろう。

第一章でも述べるように、現在、数多くの社会調査が実施されており、現代社会を特徴づける人間活動の一つということができる。学術研究のデータというだけではなく、テレビ・新聞などのマスコミとは違った、人びとの暮らしや意識を知るための社会の情報インフラ（基盤）であると、私は考えている。

しかし、実際の調査の質は、はっきりいって玉石混淆である。調査とはいえない調査や、調査まがいの商行為も目立つ。また、最終章で述べるように、調査自体がやりにくくなってきており、そのことが調査の質の低下を招いている。このままでは、社会調査は、調査の質低下→調査不信拡大→調査非協力増大→調査の質低下→……、という悪循環を脱することができなくなる。

調査者の側では、与えられた環境の中でも、質の維持・向上に努力すべきである。同時に、調査結果を受け取る側でも、調査＝科学的という迷信（?）の下に無条件に鵜呑みにするのでも、逆に「あてにならないもの」としてまったく無視するのでもなく、それぞれの調査の価値を正しく評価することが必要だろう。

さて、本書をどのような方々に読んでほしいか。

本書の読者として第一に想定しているのは、社会調査を企画したり実施したりする専門家ではなく、さまざまな調査結果の受け取り手である一般市民のみなさんである。市民のみなさんは、時として調査の対象者（回答者）にもなる。社会調査のしくみや考え方を知ることを通して、よい調査とよくない調査を的確にみわける力を養ってほしい。

まず述べておけば、よい調査とよくない調査を見分ける手っ取り早い方法は、調査協力の依頼であれ、調査結果の報告であれ、調査の方法、具体的には調査対象の選び方、データの集め方の概要が示されているかどうかである。それに加えて、調査報告の場合には、用いられた質問文や回答の選択肢が示されているかどうかも大切である。批判を恐れて、これらが隠されている場合が少なくないから、そのような調査依頼や調査報告には、まゆにツバをつけて臨むのがよい。

調査の方法が示されているとしても、それが適切であるかどうかが次の問題となる。その後の集計・分析の方法についても同様である。ただし、これらには常に唯一の正解が存在するわけではない。ある調査結果は、ある特定の方法によって得られたものだと考える方がよい。方法が異なれば、異なる結果の得られる可能性がある。調査のテーマと対象にかかわらせながら、検討を加える必要がある。

これらのフィルターを通して調査報告を受け止めるとともに、よい調査には積極的に協力して、回答者となっていただきたい。そう願っている。

テレビ授業開始に先立って教科書を執筆してから約一二年、改訂版からでも八年が経過しているので、本書では近年の社会調査をめぐる動向についても触れるように努めた。それでも、引用事例などが古いと感じられる読者がいるかも知れない。しかし、それぞれ優れた成果であり、私自身の思い入れも強いものが多いので、わずかな追加にとどめて、あえて差し替えはほとんど行わなかった。

また、本書の目的を考慮して、統計分析に関する細かい説明などは思い切って省略した。参考文献の紹介も日本語のものにとどめた。本文中で「専門書」と指示されているのは、「社会調査法」「社会統計学」などのタイトルの図書を意味している。

なお、本書中の数値例として、私も参加した「社会階層と社会移動全国調査（SSM調査→注）」のデータを独自に集計したものが、さまざまな箇所で用いられている。これについてはデータ管理者の許可を得た。

注　略号は、Social Stratification and Social Mobility（社会階層と社会移動）から。

●第一章

社会調査の性格と用途

世論調査や市場調査は、われわれには耳慣れた言葉だろう。社会調査はそれら調査の総称であり、さまざまな用途や目的に用いられるが、共通の目標と方法をもっている。この章では、あらためて「社会調査とは何か」ということについて考える。第1節（社会調査の性格）では、その目標を達成するために社会調査（という活動）が備えている、あるいは備えるべき特性について述べる。第2節（社会調査の用途と歴史）では、さまざまな用途が生まれた時代的背景とかかわらせながら、社会調査の歴史をふりかえる。

1　社会調査の性格

1・1　現代社会と社会調査

社会調査は、現代社会を特徴づける人間活動の一つということができる。人びとの意識や実態をとらえるために膨大な数の社会調査が実施されているが、その用途や目的はさまざまである。たとえば、国勢調査など行政の基礎資料の収集のために行政機関が行う行政調査、貧困や公害など、社会問題の実態を明らかにしたり告発したりするために行われている福祉調査、人びとの政治・社会問題に対する意見を探るためにマスコミ諸機関などが行う世論調査、消費者の購買意欲や動向を知るために企業が行う市場調査などが、活発に実施されている。また、社会調査は社会学、心理学（とくに社会心理学）、文化人類学、あるいは他の社会諸科学における重要なデータ収集の手段である（学術調査）。

これらの調査結果にもとづいて、行政施策や経営方針が決定されたり、学術的な議論が行われたりする。同時に、書物、新聞、テレビなどを通じて公表される調査結果は、

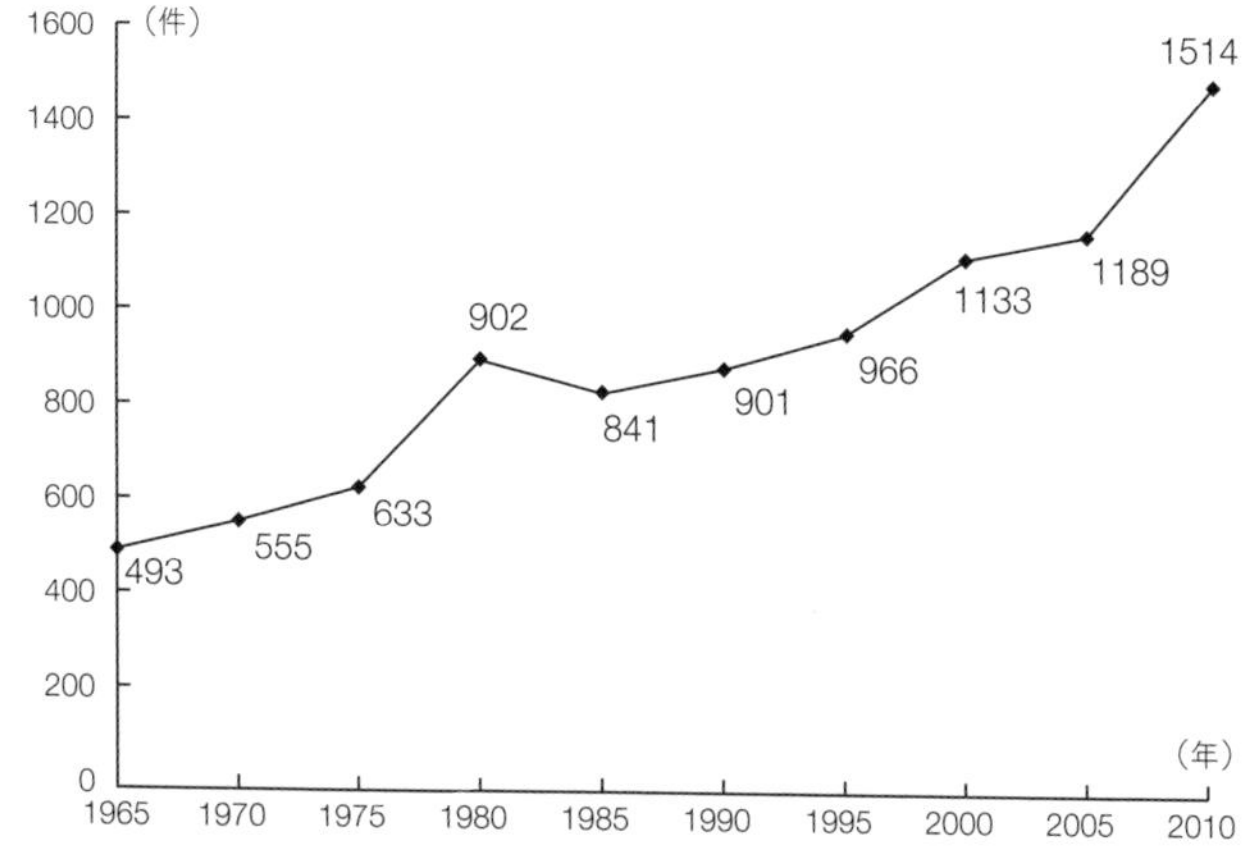

図1-1　世論調査数の推移
（資料　『世論調査年鑑』昭和30年度版〜平成22年度版）

社会に関するわれわれの認識の骨格を形成する、重要な要因となっている。

『世論調査年鑑』によると、二〇一〇（平成二十二）年度一年間に実施された世論調査の数は一、五一四に上っている（図1-1）。

ただし、これは社会調査のすべてではない。『世論調査年鑑』の数字は、内閣府広報室が調査機関、研究機関、行政機関などに対して行った調査にもとづいて算出されている。まず、『世論調査年鑑』に収録されるのは、世論調査（狭義の「世論調査」を含めた、個人を対象とする意識調査）のみである。また、①対象者数（標本規模）が五〇〇人以上

（一九七〇年以前は三〇〇人以上）、②調査項目数（質問数）が一〇以上、③調査票（質問紙）を用いたものであることなど、つまり本格的調査であるという条件がついている。

なお、「③調査票」とは、質問文と回答記入欄が印刷された冊子で、社会調査の基本的用具である。調査票を用いて行う調査を「調査票調査」といい、今日の社会調査の多くがこの形態をとっている。調査票調査では、質問文が印刷されているから、全調査対象者にまったく同一の質問が行われることになる（第二章を参照）。

これらの条件からわかるように、世論調査以外の調査、つまり、世帯や企業などを対象にした調査、意識以外の実態調査、調査票を用いない聴取調査などは含まれていない。また、世論調査であっても、内閣府広報室の調査対象とならなかった機関や個人が実施した調査や、上記の基準に達しなかった小規模な調査も含まれてはいない。このように考えると、「膨大な数」という表現が決して大げさなものではないことがわかるだろう。

社会調査の氾濫

社会調査の現実を少しネガティブな側面からみてみよう。

現代社会では、何か政治問題や社会問題がもちあがると、直ちに世論調査が実施され、その結果が報道されるようになっている。この世論調査は、多くの場合、電話を用いて行われている（電話調査）。電話調査は、速報性という意味では非常に優れた方法である。しかし、調査対象の選びかたが従来のやりかたとは異なっている。これまでは、たとえば選挙人名簿（有権者名簿）や住民基本台帳のように個人名のわかるものから選びだされてきた。これに対して、電話調査の場合には、まず（電話所有）世帯が選びだされ、次に、それぞれの世帯から調査対象者が選びだされる。必ずしも構成員数が同一ではない世帯から、調査対象者を一名ずつ選びだしても、世論の正確な分布をとらえることができるのだろうか。

また、選挙直後に投票所の出口で実施される出口調査は、選挙報道の大きな武器になっているが、調査方法が確立しているとはいえない。数時間後には正確な結果が判明するのだから、あくまでも選挙報道のショーアップのための一手段と割り切ればよいかも知れない。しかし、出口調査にもとづいて「当選」や「当選確実」の判断を下すことによって、大きな混乱を引き起こす場合のあることは、空前の大接戦であった二〇〇〇年のアメリカ大統領選挙が教えるところである。

街を歩いていて、「アンケート調査に協力して下さい」と声を掛けられた経験はないだろうか。また、突然、郵便で調査票が送られてくることもある。ところが、これらは調査の形を装った商品の売り込みであることが少なくない。こうした調査とはいえない「調査」の氾濫は、本来の社会調査の価値を貶めることになるし、社会調査に対する人びとの警戒心を高めて、協力を得られにくくしている。

以上は、ごく一例であるが、社会調査のありかたへの大きな反省を迫っている。

1・2　社会調査の性格

何かについて「調べてみる」ときに、われわれはしばしば「調査する」といういいかたをする。しかし、「調べてみる」という行為はいつの時代にもあったはずで、それでは冒頭で述べたように「現代社会を特徴づける人間活動」ということはできないだろう。本書でとりあげる社会調査（social survey）とは、単に「調べてみる」こととは区別される、もっと組織だった人間活動なのである。ここでは、「社会または集団における社会事象の特徴を記述（および説明）するために、主として現地調査によってデータを直接収集し、処理・分析する過程である」と定義しておくことにしよう。この定義では、二つの点が重要である。

（1）集団的特性の把握

第一に、社会調査が明らかにしようとしているのは、注目する社会事象に関する、社会（または社会集団）自体の集団的特性である。最初に述べたように、社会調査はさまざまな用途をめざして実施されているが、問題となっているのは、いずれも社会自体の特性である。たとえば世論調査のように、社会を構成する個人に対して調査が行われるとしても、各人がどのように回答したかということには関心がなく、社会全体（あるいは、その下位カテゴリーである男性、三〇歳代の者など）としての意見分布が問題になる。これに対して、たとえば学力検査は、学力を対象とする一種の調査とみなせないこともないし、全体としての平均や分散を求めることもあるけれども、あくまでも主目的は個々人の学力を測定することにある点が、社会調査とは異なっている。

たとえば、いま一〇〇人の人たちの意見を調べて、報告する必要があるとしよう。そのやりかたとして、「Aさんの意見はこうだった」「Bさんはこうだった」「Cさんは……」という具合に、一〇〇人それぞれについて紹介するのではなくて、「いろいろ意見があったけれども、全体としてはこのようにまとめることができる（あるいは、このような特徴をもっている）」と述べることが重要なのである。もちろん、いろいろなまとめかたができるが、そういう可能性のなかで、調査者自身はどれを採用したかを示すことが必要である。一〇〇人それぞれについて紹介するというやりかたは、集団的特徴についての判断を、報告を受け取る側に任せてしまうわけで、調査者の責任放棄ということになるだろう。

社会集団と統計集団

なお、「集団的特性」という場合の「集団」は、いわゆる「社会集団」とは必ずしも一致しない「統計集団」のことである。たとえば、ある都市の有権者の政治意識調査ではその都市に住む全有権者が、全国的な家計調査の場合には全国の世帯が「集団」ということになるが、これらは比較的狭い物理空間に密集して頻繁な相互作用を繰り返すという、社会集団としての基本的要件を備えていない。「統計集団」とは、何らかの基準によってわれわれが（頭の中で）ひとまとまりのものとして把握できる個体の集合のことなのである。ただし、以下の記述においては、本来は社会集団を意味する

「社会」ないし「集団」と、統計集団である「母集団」「標本」などの用語を厳密に区別することはせず、互換的に用いていくことにする。

統計的処理と非統計的処理

こうした統計集団の特徴を示すために用いられるのが、平均、比率、分散、相関係数などの統計量である（第四章を参照）。統計量を求めたり、統計量を用いた分析を行ったりすることが主な目的である調査を統計調査とよぶ。もちろん、調査の報告書やレポートに統計数字だけがならんでいるわけではなく、日常用語を用いて議論は進められるのだが、統計表や統計グラフがその議論を支える基本的な情報となるのである。今日の社会調査の多くはこの形態をとっており、本書においても統計調査を中心に説明してゆこう。

ところで、いわゆる調査の中には、以上の議論にはなじまないと思われる調査が存在する。それは、ごく少数の人や、場合によってはたった一人を対象にした調査である。調査票などは用いずに、その人のライフヒストリーや意見などをじっくりと聞くというやりかた（これを「聴取調査」という。第五章を参照）が多く、調査の報告でも調査対象者の氏名が明示されていることも多い。これは「社会」調査ではないということもできるが、実はその個人の背後に同じような境遇や意見をもつ人びとの存在が想定されており、その人びとの代表ないし典型として特定の個人が調査対象になっていると考えることもできる。その場合には、真の目標は想定された「集団」なのであり、統計調査と目的は異なっていない。ただ、調査対象の代表性や典型性が重要な検討課題となってくるだろう。

これらは、「量的調査」「質的調査」というよびかたで区別されることもある。

(2)現地調査によるデータ収集

第二の要点は、現地調査によってデータ収集が行われる、ということである。調査者(研究者)によって方法が決定され、調査者自身あるいは代理としての調査員が、現地に出掛けてデータ収集を行う。ただし、後に触れるように、郵便、電話あるいはインターネットを用いた調査や、調査対象者を一ヶ所に集めて行う集合調査などの、変型的方法が用いられる場合もある。

日常生活の現場

現地調査によるデータ収集という方法は、二つの意味をもっている。

第一に、調査者の方が人びとの生活している現場に出掛けていき、日常生活に近い状況の中で調査対象者と接することによって、人びととの自然な回答を引き出すことが期待できる。ただし、現地調査のもつこの長所は短所にもつながっていることにも、注意が必要である。日常生活の現場であることによって、たとえば周囲の人びとの口出しや周囲への気がねなどが、回答をいわば攪乱する要因となる危険が大きい。

この社会調査の特徴は、実験室に被験者を集めてデータ収集を行う心理学実験としばしば比較される。心理学実験の場合は、実験室という斉一的な条件の下で、データ収集を行うところに特徴がある。たしかに、騒音、気温、周りの光景、周囲の人など、結果に影響を及ぼしかねない攪乱要因をおさえる(コントロールする)ことは可能になる。しかし、実験室という非日常的な設定は、極度の心理的緊張や昂揚感などを生み出しがちであり、それが実験結果に影響を及ぼすことが知られている。

この現象をホーソン効果というが、第二次世界大戦前にアメリカのある電気機械メーカーのホーソン工場で発見された現象である。この工場では、生産を向上させるために、敷地内に特別に実験室を作り、労働者を対象にしてさまざまな実験を行った。たとえば、照明の明るさの影響を調べるために、光度を上げていったところ、明らかな作業能率の向上が認められた。そうであるならば、もう一度光度を落としたとしたら作業能率は低下することが予想されるが、実際には光度を落としても作業能率は向上し続けた（少なくとも低下しなかった）のである。これは、実験対象である労働者たちが、「特別の実験である」ということで、大いに張り切った結果、このようなことが起こったのだろうと考えられている。

現地調査の場合にも同様の影響は避けられないだろう。しかし、その程度は実験に比較すれば小さいと予想される。

最適方法の選択

現地調査の第二の意味は、調査者自身がデータ収集活動を行うのであるから、調査の主題にとって自分が最適と考える質問や測定の方法を採用できることである。また、単一の項目の分析だけでなく、複数の項目を自由に組み合わせたり、いろいろの分析をやってみたりして、分析を深めることができる。この点は、社会調査の最大の利点である。

もちろん、他の調査者が収集したデータの分析が無意味だということではない。これを調査データの二次分析といい、無駄な調査（「調査公害」）を減らすという意味では、むしろ推奨されるべきことである。しかし、二次分析が可能になるためには、元データ（あるいは個別の調査票）を入手できることが前提であるが、必ずしも容易ではない。たとえば、官庁統計などに関しては、元データを入手することが困難であり、公表された統計表以上の分析を行うことは、ほとんど不可能である。また、仮に元データが手に入ったとしても、質問や測定の方法については、もとの調査者の考えに規定されざるを得ないという限界が存在することは、否定できない。

1・3　社会調査のテーマ

最初に定義したように、社会あるいは集団における社会事象の特徴を「記述」（どうであるかを述べること）および「説明」（なぜであるかを述べること）することが、社会調査の目的である。その「記述」すべきことがら、「説明」すべきことがらが社会調査のテーマである。具体的には、調査結果の利用者が現在抱えている問題（関心）によって決まってくる。もちろん、あらゆる問題が調査のテーマとなりうるわけではないので、注意点を述べておくことにしよう。

（1）「現在」の把握

社会調査は「現在」の状態の把握に適している。

現地調査によるデータの収集という性格から明らかなように、社会調査が最も得意とするのは、調査対象の「現在」の状態の把握である。逆に、遠い過去の事実について調査しようとしても、どうしても不正確さがつきまとう。たとえば、人びとの職業経歴の調査においては、初就業時から現在までの経歴を回顧によって答えてもらう必要があるけれども、ある程度の忘却や省略が避けられないことが指摘されている。

ただし、過去のことがらを調査することが無意味だというわけではない。長期間にわたる職業経歴などは、こうして調べるしかないだろう。しかし、そのデータには上で述べたような限界があると割り切って、分析の方法などを工夫していく必要がある。また、たとえば、戦争の記憶がどう風化してきたかということがよく問題になるが、過去の事実を調べるのではなく、（現時点における）回顧や記憶そのものを調査の対象とする場合もあることはいうまでもない。

（2）実験困難な事象

特定の時代や社会・自然的集団・大規模組織などにかかわる現象、長期的・累積的社会現象は調査で扱うしかない。

たしかに、調査よりも心理学実験その他のデータ蒐集法の方が適している問題もある。通常、心理学実験では、実験室という非日常的で人工的な環境の下で、個人行動や意識あるいは集団現象などの分析を行う。いいかえれば、発生する時代や社会とは切り離して論じることが可能な事象の分析に適している。逆に、たとえば人びとを非行や犯罪に走らせる一般的な要因について実験的研究を行うことは不可能ではないだろうが、なぜ特定の時代や社会において非行や犯罪が増加したのかという問いに、直接答えることは困難であり、調査によるデータ収集が有効となる。また、家族のような自然的集団や会社などの大規模組織のように、人工的に構成することが困難な集団、あるいは長期的・累積的な社会現象、たとえば、職業経歴のように実際に長期間にわたっている現象や、現在の状況であっても、長期的な積み重ねによって形づくられてきたと考えられる現象などに関しても、同様である。

(3)個体のばらつき

個体の状態にばらつきのある現象しか調査では扱えない。世論調査などの統計調査の場合、テーマとしては無意味なものがある。それは、すべての個体の状態が同一であると予想されるような事象の記述や説明である。たとえば、賛成率がほとんど0%と予想されるような政策に関して、「賛成率がどの程度か」をわざわざ調査をするのは時間と費用の無駄であろう。また、「どのような人が賛成しやすく、どのような人が反対しやすいのか」という回答者の属性と賛否の関係を問うこと、一般的にいえば関連を見出すことは、とくに説明においては重要な手続きであるが、全体の賛成率が0%なのだから、どのような属性の人であっても0%となり、無意味な問いである。

具体例をあげてみよう。「なぜ日本人は……なのか」というような問いかけが、ジャーナリズムや社会科学でしばしば行われる。仮にこの問いかけが「すべての日本人は……であり、それはなぜなのか」ということを意味しているとしたら、(日本人を対象とした）社会調査によって追究することは不可能である。また、公共施設などの利用率を上げるために、来館者に対して調査を行うことがよくある。この調査である程度の情報が集まらないとはいえないけれども、一番肝心の問題は、利用者と非利用者を分ける要因は何かということである。利用者だけを対象とした調査データを用いたのでは、このことを明らかにすることは不可能なのである。

（4）その他

調査に適している問題であっても、経済的コスト、調査にともなう危険、あるいは社会的影響などの観点から、実施が困難な場合もあるだろう。調査対象を深く傷つける恐れのあるような調査は、倫理的に許されない。調査の社会的意味や学問的意味の吟味も重要である。こうした意味をもたない好事家的調査は、社会調査全体の評価や価値を下げることになる。

1・4　個人の耳目と社会調査

われわれは社会とのかかわりなしに生きていくことはできない。われわれをとりまく社会がどのようになっているかを知り、どのように行動すべきかを判断する必要があるし、事実、われわれの眼や耳を用いてデータ収集活動を行っている。しかし、一個人が自分の眼や耳で直接知りうる範囲はごく狭いものである。他方で、われわれの生活とかかわりをもつ「社会」の範囲は、過去の時代とは比べものにならないほど拡大している。

また、仮に「広い」社会との直接的な接触が可能になったとしても、われわれのものの「みかた」がしばしば揺れることは、誰もが経験することである。たとえば、一つの美術作品がそのときの気分によって異なってみえてくることはよくある。社会現象についても同様であるが、「みかた」の揺れにまかせて集められたデータは、決して有用なものとはならない。

データ収集方法としての社会調査は、こうした弱点を克服したものでなくてはならない。いいかえれば、今後社会調査について考えていくときに、次の二点が常に重要なテーマとなる。

①一個人では困難な広い範囲からどうデータを収集していくか。また、集められた

データをどうまとめていくか。

②データを収集していく過程で、一定の「みかた（調べかた）」をどう保っていくか。

また、優れた「みかた（調べかた）」とは何か。

これは少しわかりにくいので、簡単な例を示すことにしよう。たとえば、「いまのテレビには娯楽番組が多すぎる」という意見に対する賛成、反対をたずねるような質問がよくある。ここで問題になるのは「娯楽番組」という言葉だが、大変曖昧で、同じ番組を「娯楽番組」と考える人もいれば、そうではないと考える人もいる可能性がある。話を単純化するために、「娯楽番組」を広くとらえて全体の六〇％が「娯楽番組」と考える人たちと、せまくとらえて全体の二〇％だけが「娯楽番組」であると考える人たちがいるとする。この人たちの「多すぎる」かそうでないかの回答は、同じものをみての判断とはいえない。理想的には、すべての人たちが「娯楽番組」の比率は〇〇％だと共通に認識した上で、その比率を「多すぎる」とかそうではないという評価をするように質問をするということ、これが「一定のみかた」を保つということなのである。

方法の客観性

これらとも関連して、ここでは「方法の客観性」ということの重要性を指摘しておきたい。社会調査の全過程、つまりデータ収集・処理・分析を通して、客観的方法が採用されねばならない。

社会調査の用途はさまざまである。しかし、いずれの用途であっても、調査から得られたデータ、あるいはデータから引き出された命題を、他人に納得させるということが不可欠である。この点が、個人的なデータ収集活動と社会調査との、もう一つの違いである。方法の客観性とは、そのための前提条件であって、次の三つのことを含んでいる。

①採用された方法が明示されている。
②採用された方法が、調査方法論上の批判（たとえば、統計学理論、コミュニケーション理論などの観点からの批判）に耐え得る。
③方法上の訓練、資金、時間などの条件が整えば、他の調査者による追試（追調査）が原則的には可能である。

これらのうちで、③の条件を充たすことは実際には困難である。大半の社会調査はある時点における社会や集団の状態の把握を目的としているから、後の時点で追調査しても無意味なことが多い。たとえば、大災害直後の地域住民の意識や態度は、その時点でなければ調査できない。だから③の条件は、「同一の方法によって調査を行ったならば、同一の結果が得られたであろうと誰もが判断できる」といいかえてよいであろう。

調査票調査と聴取調査

データ収集の方法を例にとってみよう。今日の社会調査の多くが採用している調査票調査では、質問のしかたおよび回答の記録のしかたが厳格に定められた調査票を用いるのだから、客観性という点では非常に優れた方法といえる。明示性が高く追調査も容易である。また、質問のしかた（質問文）が統一されているから、回答の違いが質問のしかたの違いによってもたらされたのではないかという、調査においてしばしばもちあがる疑問も回避することができる。

他方、調査対象者との自由な会話を通してデータを収集する聴取調査では、調査の進めかたが調査者の主観的判断に大きく依存する。そして、調査者の判断を左右する要素として経験と勘が強調される。どの方法を採用するかは、調査しようとしている事象の特性にも制約されるから、一概に調査票を用いる方法がよいとはいえない。また、調査票を用いる場合であっても、質問文の作成や面接のしかたには経験と勘は重要である。しかし、いつまでも客観化しにくい調査者の経験と勘だけに頼っている状態は望ましくないのであって、方法の標準化、(調査者の)訓練方法の確立を通して、客観性を高める努力が必要なのである。

1・5　社会調査のプロセスと本書の構成

最も一般的な調査票調査(統計調査)を例に、社会調査のおおよそのプロセスについて述べておくことにしよう(図1－2)。

Ⅰ　社会調査の企画

(1)調査内容の決定

調査のテーマ、調査すべき事項など、調査の基本的な内容を決定する。それにもとづいてデータ収集の方法も決定し、調査票調査の場合には、具体的な質問内容を決定して調査票を作成する。

（2）調査対象の決定

調査内容との関係で、調査の対象（地点、集団・組織、個人など）を決定する。対象とする集団から一部の個体を全体の標本（サンプル）として選びだして調査する方法を標本調査といい、個体を選びだす作業を標本抽出という。

II　社会調査の実施

（3）現地調査

調査対象に対して質問を行い、回答を得て記録する。実査ともよばれる。前にも述べたように、実際には現

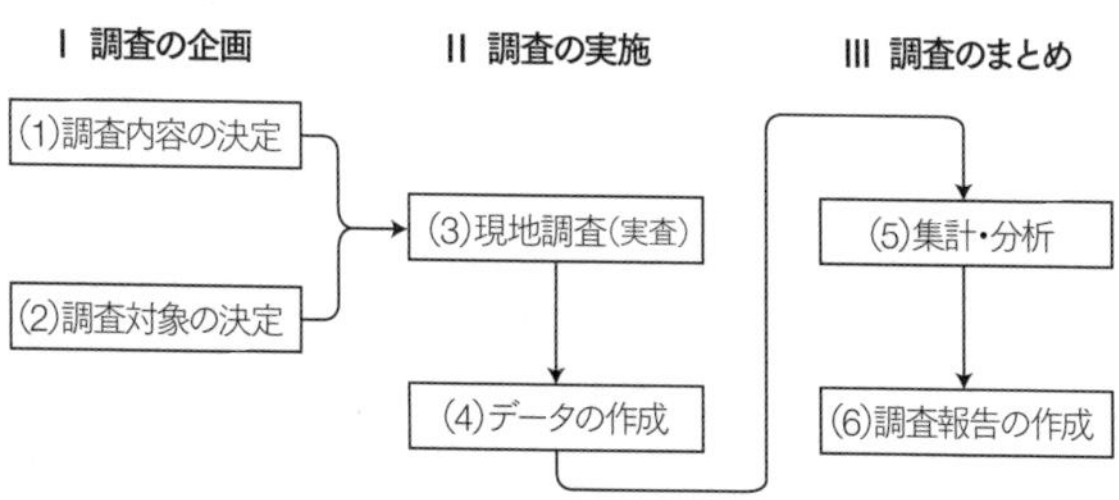

図1-2　社会調査のプロセス

地に赴かずに、郵便、電話、インターネットなどを用いて行われることもある。

（4）データ作成

調査結果を点検・修正した後、集計や分析が可能なデータを作成する。統計調査の場合にはコンピュータを用いることが多いので、回答を数字や符号に変換して（コーディング）、電子ファイルが作成されるのが普通である。

Ⅲ　社会調査のまとめ

（5）結果の集計と分析

さまざまの統計量の算出、多変量解析法の適用、作図や作表などを行いながら、調査結果の統計的分析を進める。

（6）調査報告の作成

分析の結果を、報告書、論文、書物などにまとめて公表する。

本書の構成

以上のプロセスを追いながら、その方法について詳しく解説して行くことは、本書の紙幅では不可能である。むしろ、図書、調査報告書、あるいはマスコミの報道などを通して社会調査結果を受け取る側の観点から、正しく理解して的確に評価するために、とくに知っておくべきこと、重大な誤解の原因になりがちなことをとりあげて解説する（第二～四章）。なお、方法については細かい技法よりも、基本的な考え方の伝達をめざしたいと思う。

あわせて、社会調査の歴史や成果、あるいは今日の社会調査をとりまく状況についても触れる（第一章2節、五、六章）。

2　社会調査の用途と歴史

前節において、社会調査をその用途によって、①行政調査、②福祉調査、③世論調査、④市場調査、⑤学術調査、の五つに分類し、現代社会では膨大な数が実施されていると述べたが、それぞれの用途の調査がどのように行われてきたのか、その歴史を振り返ってみることにしよう。

なお、これらの調査の用途はさまざまであるけれども、調査の方法が基本的に異なるわけではない。①～⑤は、その用途での調査が盛んになってきた歴史的な順序にも、おおよそ対応している。方法という側面では、前の段階までの経験の積み重ねと用途の拡大にともなって、さらには記述統計学および推測統計学の理論、心理学研究法などを取り込むことによって、現在の社会調査が形づくられたといえる。

2・1　行政調査

最も代表的な行政調査は国勢調査（national census）である。国や地方自治体が行って統計の形で結果を公表すべき調査は指定統計とよばれ、統計法にもとづいて、労働力調査、就業構造基本調査、全国消費実態調査など、現在約六〇種類が実施されている。国勢調査は指定統計第一号である。

近代的国勢調査

国勢調査の基本的な目的は、どこにどれだけの人がいるかを把握すること、つまり人口量の把握であるが、このことは徴税（課役）と徴兵のためにいかなる為政者にとっても必要事であったから、その起源は古代社会にまでさかのぼれると主張する者もいる。わが国においても、大化の改新（六四五年）の後にはじめて全国的な人口調査が行われたといわれている。本格的な人口調査として知られているのは徳川幕府が一七二一年からほぼ六年おきに行った調査であるが、宗門人別改帖から数え上げたものであって、直接調査を行ったものではない。また、公家や武士などは対象に含められていない。

これらの人口調査は、今日行われているいわば近代的国勢調査が備えている以下の基本的な要件を欠いた不完全なものである。

(1) 継続性　一定間隔で計画的に継続されていること。
(2) 全国性　国内すべての地域で調査が行われること。
(3) 網羅性　すべての国民が調査の対象となること。
(4) 直接性　届け出にもとづくものでなく、直接調査すること。
(5) 統一性　統一的な方法で調査すること。

このような要件を備えた国勢調査が可能になるのは、国民国家が成立した一八世紀以降のことであり、一七九〇年にアメリカ合衆国で実施されたものが最初であるとい

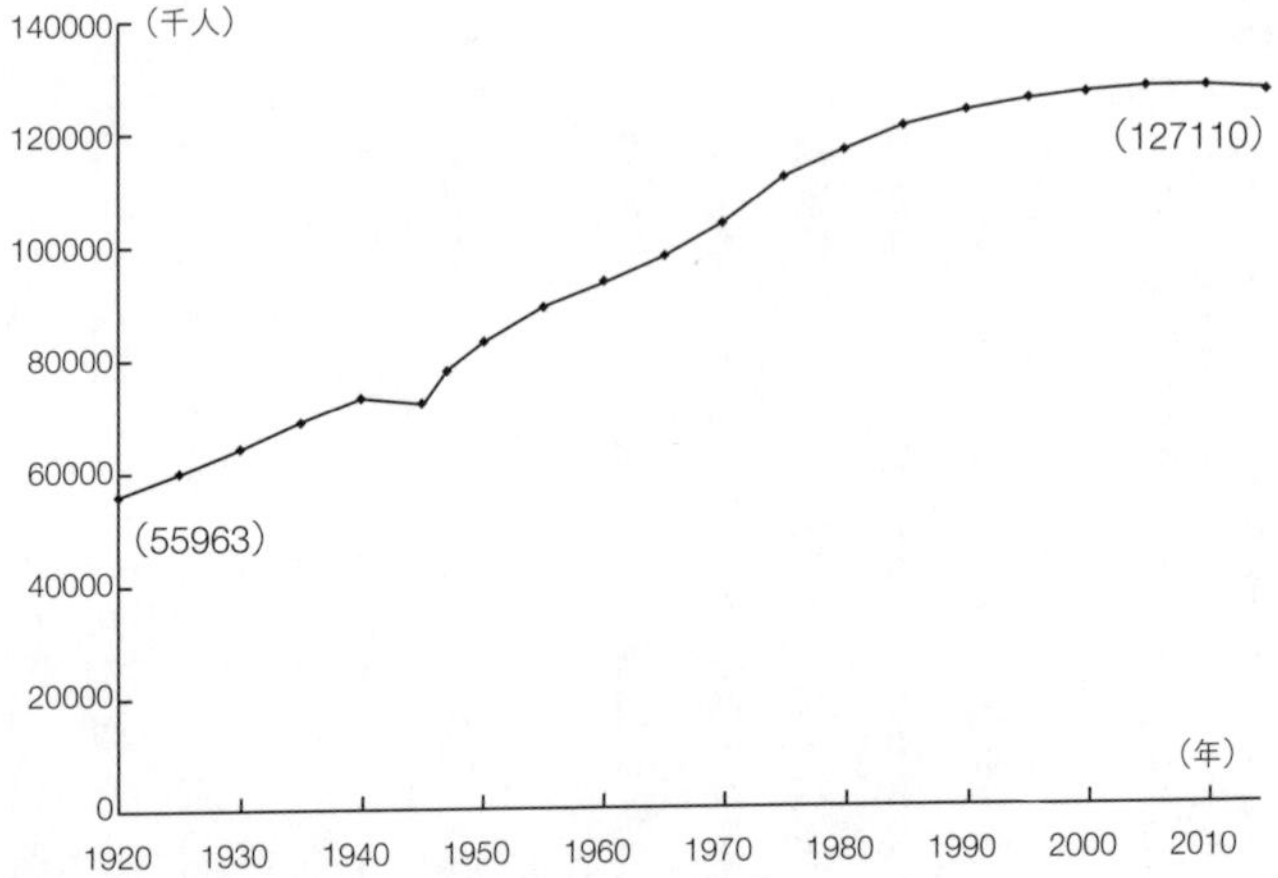

図1-3　人口総数の推移（資料　国勢調査）

われている。これについては、一七〇三年にアイスランドで実施された戸口調査が世界初の近代的国勢調査だという主張もある。ただし、当時のアイスランドの総人口は五〇、三五八人にすぎなかった（現在約四〇万人）。

日本の国勢調査

わが国で国勢調査が開始されたのはずっと遅く、一九二〇（大正九）年のことである。これ以後、第二次世界大戦直後を除けば、一〇年に一回の大規模調査とその中間年における簡易調査が行われている。国勢調査が計画されて試験的調査が実施されたのは、一八七九（明治十二）年にまでさかのぼるが、財政事情や人材不足などから進展しなかった。その後、一九〇二（明治三十五）年に「国勢調査に関する法律」が成立したけれども、日露戦争と第一次世界大戦によって実施が見送られた。ようやく、一九二〇年十月一日午前零時を期して（「現在」地主義）、約五〇万人の調査員と補助員によって第一回調査が実施され、樺太、朝鮮半島、台湾などを除くいわゆる内地人口五五、九六三、〇五三人が確定した。この調査では、事前に大々的な宣伝が行われ、また、現在よりも「お上」尊重意識が強かったため、調査員が訪れたとき村長以下が羽織袴で出迎えた村もあったということである。図1-3には、そのとき以来の総人口の推移が示されている。

日本の国勢調査の精度が高いことはよく知られている。たとえば、第二次世界大戦の後半、米軍は日本各地の空襲を盛んに行ったが、航空写真とともに、一九四〇（昭和十五）年の国勢調査を使って都市の人口変化などまで調べ上げ、目標を定めたということである。

2・2　福祉調査

貧困や公害などの社会問題の解決は、政治や行政の重要な課題でもあるから、実情把握のための行政調査はしばしば行われている。しかし、こうした社会問題の告発は、必然的に政治や行政あるいは社会の上層に向けられることになる。したがって、これらの調査の多くは主として民間人（団体）によって実施されてきた。こうした調査の名称として必ずしも適切だとは思われないが、ここでは「福祉調査」とよんでおくことにする。

労働者階級の出現

福祉調査の起源は、イギリスのハワード（John Howard）が一七七〇年代に行った監獄調査であるといわれる。実際に監獄を調べ囚人から直接に聴取して、当時の監獄の腐敗し不潔な状況を明らかにしたハワードの調査結果は、議会を動かして改善の法案を通過させることとなった。

一九世紀に入ると、資本主義社会の成立とともに生まれた労働者階級の悲惨な生活に焦点をあて、その救済を目的とする調査が行われるようになった。一八三〇年代に開始されたル・プレー（Francis Le Play）によるヨーロッパ諸国の労働者家族調査、一八六〇年代に開始されたブース（Charles Booth）によるロンドンの労働者生活調査などが代表的なものである。二〇世紀に入ると、アメリカ合衆国のピッツバーグ、スプリングフィールドなど工業都市でも、同様の調査が行われるようになった。

これらのうちでも、ブースのロンドン調査はその後の調査に大きな影響を与えたものとして、よく知られている。

チャールス・ブースは船会社を経営していたイギリスの実業家であり、調査の膨大な費用は彼の資産からまかなわれた。ブースを調査に駆り立てたのは、貧困にあえぐ労働者を理解し救済したいという願望であったことは間違いないが、より直接的には、ある社会運動家が「ロンドンの労働者の二五％は貧民である」と語ったことに疑いをもち、それが極端な誇張であることを明らかにしようとしたことにあるといわれている。

貧困の発生率を調べるために、ブースはまず貧困の境

(%)

階級 ＼ 貧困の原因	怠惰	低賃金・不定期収入	疾病・大家族	飲酒・贅沢	合計
極貧層（臨時労働者・浮浪者・準犯罪者、日雇い労働者）	4	55	27	14	100
貧困層（不定期的所得者、定期的低所得者）		68	19	13	100

表1-1　ロンドンの貧困階級

（資料　C・ブース『ロンドン市民の生活と労働』1889-1903年より）

界を「標準的な大きさの家族で週当り一八〜二一シリングというような、わずかではあるが十分規則的な収入のある人びと」と定義した。そしてブースはロンドンの市民を八つの階級に分け、そのうち四つを貧困階級とした（表1-1では、それをさらに二つにまとめて示してある）。誰がこれにあてはまるかについて、実際に情報を提供したのは、学校委員会の家庭訪問員である。この結果明らかになった貧困の発生率は、ブースはもちろん社会運動家の予想も超えて三〇％に及んだのである。

ブースの調査の重要な点は、貧困の発生率をさらに職業、住居、地域などと関連づけたことである。その結果、貧困は明らかに特定の職業や地域と結びついており、表に示されているように、貧困の原因が、怠惰や飲酒などの個々人の習慣によるものではなく、人びとをとりまく社会環境上の問題や雇用条件の問題にあることを強く主張し得たのである。

日本の家計調査

日本でも、近代化にともなう民衆生活の悲惨な状況について、社会運動家や新聞記者などによるルポルタージュが発表されてきた。横山源之助の『日本之下層社会』

（一八九九年）などがその代表例であるが、組織だった調査にもとづくものということはできない。人びとの生活状況を組織だった形で調べるとしたら、まず家計状況を調べるのが適切であろう。その意味では、経済学者の高野岩三郎が一九一六（大正五）年に実施した「東京に於ける二十職工家計調査」が、本格的福祉調査の最初のものといわれている。この調査は、家計簿方式で調査対象世帯に収支をしてもらったものである。ただし、調査名からも明らかなように、調査対象はわずか二〇世帯であり、しかも労働者団体である友愛会の会員中の希望者に対して行われたものである。また、期間も五月一ヶ月間のみであった。

その後、この調査をいわば標準として、各地で家計調査が行われるようになり、「一種の家計調査狂時代をさえ出現させるに至った」といわれた。一九二六（大正十五）年からは、この家計調査は内閣統計局が行うようになり、現在でも指定統計として実施されている。

新しい社会問題

いうまでもなく、いわゆる社会問題は貧困の問題にかぎられるものではなく、それは時代によっても変わってくる。高度経済成長を経て、先進産業社会は「豊かな」社会を実現した。貧困の問題が消滅したわけではないが、かつてのような唯一無二の問題ではなくなった。それに代わって、高度経済成長のために生み出された公害問題、あるいは「豊かな」社会の代償ともいうべき環境問題、高齢化社会の到来に伴う老人福祉問題などが、重要な社会問題となってきた。福祉調査もまた、むしろこうした問題に向けられる領域で活発化している。

2・3　世論調査と市場調査

世論調査（opinion poll）や市場調査（marketing research）が意味をもつためには、大衆が政治や消費の主人公になること、つまり大衆化の進行が不可欠である。したがってこれらの調査も、一九世紀末から二〇世紀初頭のアメリカ合衆国で、雑誌社や出版社によってまず開始された。

模擬投票

世論調査についていえば、当時から盛んに行われていたのが、大統領選挙結果の予測のための調査である。これは、国民の注目度の最も高い政治的行事であり、しかも予測の成否が明瞭であることから、新聞社、雑誌社、調査会社などが、自社の情報の精確さを示す最高の機会であったからだ。日本語では「模擬投票」と訳されているが、「模擬」は原語ではストローであり、麦穂の揺れで知る風向きの意だろう。

調査法の発達との関連で重要なのは、一九三六年の大統領選挙における予測である。当時、予測が精確なことで知られていたのは、リテラリー・ダイジェスト誌であった。一九三六年の選挙では、約一、〇〇〇万人を対象に郵便による調査（郵送調査）を行い、二二五万人から回答を得た。しかしながら、当選した民主党のルーズベルト候補の得票率を実際よりも二〇％も低く予測するという失敗を犯してしまった。これに対して、わずか一、五〇〇人程度を調査対象にしたギャラップ社やフォーチュン誌は、正しくルーズベルトの当選を予測した。

リテラリー・ダイジェスト誌は、調査対象である一、〇〇〇万人を、電話加入者名簿と自動車登録者名簿からやみくもに選ぶという方法をとっていた。電話や自動車の普及が日本よりはるかに早いとはいっても、当時のアメリカでは、これらの所有者は階層的に上層に偏っていた。図1-4は、階層と選挙（支持政党）との関係をわかりや

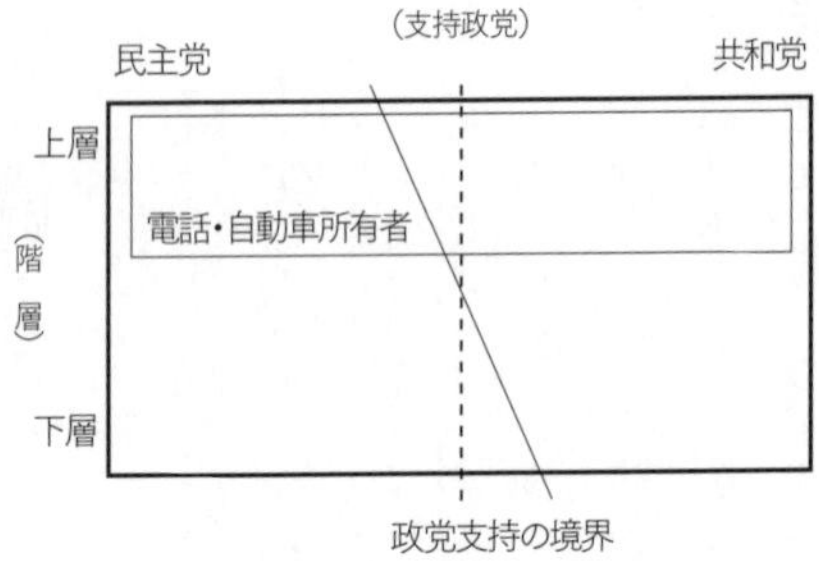

図1-4　階層と支持政党

すく示したものである。

　外側の四角が全有権者を示し、民主党か共和党のいずれかを支持しているものとする。内側の四角は調査対象者を示すが、上層に偏っている。もし、両党の支持の境界が破線のように垂直であるとしたら、リテラリー・ダイジェスト誌のように上層の人びとだけを調査対象にしたとしても、有権者の支持状況を把握することは可能であっただろう。しかし、もし支持の境界が実線のようであるとしたら、つまり上層は共和党支持者が多く下層は民主党支持者が多いとしたら、上層の人びとだけを調査対象にしていたのでは、有権者全体の支持の分布を見誤ってしまう。

　この破線から実線への支持境界の変化が、一九二〇年代末の大恐慌を契機に、アメリカ社会で実際に起こったのである。大恐慌に伴って、好景気の時代には隠されていたさまざまの社会的対立が、はっきりと現れるようになった。その結果、政党も「全国民の党」などと呑気なことをいっていることができなくなり、共和党はホワイトカラーを中心とする上層の人びとを、民主党は労働者や移民など下層の人びとを、主な働きかけの対象とするようになったのである（これを「支持基盤の階層分化」という）。リテラリー・ダイジェスト誌は、結局この変化に追いつけなかったのだといわれている。

この事件は、第三章で述べる調査対象の決定方法（標本抽出法）の重要性を認識させる契機となった。

壮丁教育調査

わが国において世論調査や市場調査が活発になるのは第二次世界大戦後のことである。これは、大衆化がようやくその頃になって本格化したことにもよるが、とくに世論調査に関しては、対日占領政策の影響も大きい。日本の軍国主義の復活を阻止し民主化を進めるために、民衆の政治的発言の手段として世論調査が積極的に奨励されたのである。

第二次世界大戦前における日本人の世論調査データはほとんどみあたらないが、皆無というわけではない。第二章で質問文の例としてとりあげる問F（七〇頁）は、人び

(%)

暮らし ＼ 調査	I 国民性調査（1963年、20-22歳）	II 壮丁教育調査（1931年、20歳）	III 国民性調査（1963年、50-51歳）
金持ちになる	10	19	20
名をあげる	2	9	4
趣味にあった暮らし	50	12	22
のんきに暮らす	17	4	20
清く正しく暮らす	16	32	20
社会にささげる	2	24	7
その他	3	0	7
合　計	100	100	100

表1-2　人の暮し方の世代間比較

（資料　林知己夫・西平重喜・鈴木達三『図説・日本人の国民性』1965年より）

との人生観をたずねたものであるが、統計数理研究所が続けている「国民性調査」（第五章を参照）に含まれているものである。実は、戦前の徴兵検査の際に文部省が実施していた学力や常識の調査（「壮丁教育調査」）の中に、これと同様の質問が含まれている。林知己夫らはこれらの調査結果の比較分析を行っている。

表1-2の列Iと列IIから、約三〇年の間隔をおいたほぼ同年齢の若者の人生観を比較することができる。戦前の若者には、「金持ちになる」「清く正しく暮らす」「社会にささげる」などの積極的な人生観がめだっている。これに対して列IIIは、一九三一（昭和六）年当時二〇歳であった若者と同世代の人びとの、一九六三（昭和三十八）年における人生観である。「趣味にあった暮らし」「のんき

に暮らす」が大きく増加し、「清く正しく暮らす」「社会にささげる」が大きく低下している。これは、ここに示した年齢層の人びとよりも上の世代に関しても同様である。こうしてみると、戦前派の「近頃の若い者」よばわりはちょっと気がひけるだろう、というのが林らの結論である。

2・4　学術調査 (academic research)

社会調査はさまざまな学問において用いられているが、とりわけ社会学が主要なデータ収集の手段としてきた。第三章でも述べるように、人間行動や意識を扱う学問の用具として、（心理学）実験と社会調査はよく比較されるけれども、それぞれのテーマの特質が用具を規定してきたと思われる。

シカゴ学派

哲学的思弁的学問から実証的な性格への社会学の変化の先鞭をつけたのは、一九二〇年代のアメリカ社会学である。これまで述べた行政調査から市場調査へ至る系譜の成果と心理学実験の技術を採り入れて学術調査は成立した。

当時のアメリカ社会学をリードしていたのはシカゴ大学であった。まず一九二〇―三〇年代には、パーク（Robert E. Park）、バージェス（Ernest W. Burgess）らに指導された若い研究者たちが、シカゴの街を舞台に数々の聴取調査や参与観察（集団に加わって役割を担いながら行う観察）を行い、「シカゴ・モノグラフ」とよばれている報告書を作成した。これらはいわば質的調査であるが、やや遅れて一九三〇年代以降になると、オグバーン（William F. Ogburn）らを中心に、量的調査（統計調査）に関してもシカゴ大学が推進役を果たすようになった。現在、公共目的で行われる社会調査の実施機関である全国世論研究センター（NORC）が、シカゴ大学に置かれている。

いわゆるシカゴ学派の業績として誰もがあげるのは、トマス（William I. Thomas）とズナニエッキ（Florian W. Znaniecki）による『欧米におけるポーランド農民』（一九一八―二一年）である。これは、アメリカに移住したポーランド農民の行動様式や生活態度の変容を、手記・日記・手紙・新聞記事など、さまざまな素材をデータとして研究したものであるが、「社会研究」の優れた範例というべきものであり、「社会調査」をもう少し狭く定義する本書の立場からは、次の二つの研究例をあげておくことにしよう。

ホワイト『ストリートコーナー・ソサエティ』（一九四三年）

著者のホワイト（William F. Whyte）はシカゴ大学の出身者ではないが、最も成功したシカゴ学派「的」調査といわれている。この調査はボストンのイタリア人街における非行青少年集団の構造と人間関係を明らかにしたものである。シカゴ・モノグラフのテーマは、ホボ（hobo、渡り労働者）、家族解体、人種、マイノリティ・移民、犯罪・暴力、少年非行、ホテル・下宿・スラム、売春、自殺など、多岐に渡っている。これらのテーマをみると、福祉調査の系譜に属するものとみることもできるが、それだけではない。研究者の多くもそこに属している白人中産階級からみると、貧困を原因とする「低い」「遅れた」ものとして評価されてしまいそうな社会下層の人びとの行動様式が、その社会や集団独自の規範や文化（sub-culture）に支えられていることを、シカゴ・モノグラフは生き生きと描いている。

スタウファー他『アメリカ兵』（一九四九－五〇年）

米軍兵士の志気を維持し高めることを目的に、第二次世界大戦中に行われた意識や態度の研究である（真珠湾攻撃の翌日に最初の調査が行われたといわれる）。シカゴ大学出身のスタウファー(Samuel A. Stouffer)らが指導した。

さまざまな研究が行われたが、たとえば兵卒（一等兵、上等兵）と下士官の昇進に関する意識の分析がある。兵士の軍隊内での経歴は、兵卒から始まり下士官、将校へと昇進していく。したがって、彼らの多くは昇進への希望や不満を抱えているはずである。一般に学歴が高いほど、また、分析の対象となった憲兵隊と航空隊では後者の方が、昇進機会は大きい。ところが、「能力のある兵士は軍隊での昇進機会が大きいと思いますか」という質問に対して、昇進機会の大きい高学歴者および航空隊の方で、「全然ない」「あまりない」という批判的な回答の比率が高かった。

この現象を、兵士達は同学歴や同部隊という同じ境遇の者と比較して評価を行うので、昇進機会が大きい集団ほど「取り残された」と感じる者の比率が高くなると、スタウファーらは解釈して、「相対的剥奪（relative deprivation）」という名称を与えた。その後、この概念は社会心理学における準拠集団（帰属集団）の理論として精緻化された。またこの研究では、調査法、測定法、分析法についても多くの改良が加えられて、量的調査（統計調査）の発展に寄与した。

（世帯）

世代＼系列	直系のみ	傍系含む	合　計
単　独	664	53	717
夫　婦	1,145	104	1,249
2世代	5,425	496	5,921
3世代	2,558	392	2,950
4世代	236	44	280
5世代	2	0	2
合　計	10,030	1,089	11,119

表1-3　日本の家族構成（1920年）（資料　戸田貞三『家族構成』1937年より）

戸田貞三『家族構成』（一九三七年）

わが国に関しては、第二次世界大戦前は、調査そのものを実施したわけではないが、戸田貞三による国勢調査個票の分析が、学術的分析の先駆的な業績として知られている。戸田は、一九二〇年の第一回国勢調査から約一万世帯分の調査票を抜き出して、家族構成のタイプ分けを行った（表1-3）。日本では、直系のみ（世帯主の親、子、孫などによって構成される家族）での家族だけでなく傍系（世帯主の兄弟なども構成員とする家族）も含む家族も多いといわれてきた。しかし実際には、傍系家族一割にもみたないことが明らかにされた。また、世代に関しても、たとえば世帯主夫婦とその子どもというような二世代家族が五割以上を占め、世帯主単独あるいは世帯主夫婦のみという、いわば一世代家族を加えると約七〇％に上ることもわかる（ただし、それぞれに傍系家族を含む場合がある)。

つまり、一九二〇年という大正時代の中頃でさえも、日本は想像以上に小家族が中心の社会であったのである。そして、この小家族化をもたらしたのは、日本人が家系尊重の気風を失ったなどということではなく、結婚年齢の上昇であると戸田は結論づけている。

なお戸田は、わが国初の社会調査の解説書『社會調査』を一九三三(昭和八)年に出版している。

この他、有賀喜左衛門による農村社会のモノグラフ(『農村社会の研究』一九三八年)など、優れた研究成果も存在しているが、散発的なものであった。学術研究の用具として社会調査が本格的に用いられるようになったのは、第二次世界大戦後のことである。

◉第二章

調査票と面接調査

第一章において、現代の社会調査の多くが調査票調査という形で行われると述べた。この調査票の作り方が調査の成否に大きく影響することはいうまでもない。そこで、本章第1節（調査票）では、調査事象を質問文や選択肢として具体化するプロセスを解説するとともに、それらが備えるべき条件について考える。

作成された調査票にもとづいて回答を得る作業を実査という。実査のやりかたにもいくつかの方法があるが、最も基本的な方法といえるのは、調査員（実査担当者）が調査現地におもむき、調査対象者を個別に訪問して行う個別訪問面接調査である。第2節（現地調査）では、他の方法と比較しながら、個別訪問面接調査について解説する。

1　調査票

1・1　調査項目

調査票調査は、質問のしかたと回答の記録のしかたが厳格に定められた調査票を用いて実施される。

図2－1は調査票の例である。紙一枚程度のものから何頁にもおよぶ冊子体のものまで多様であるが、一つが一調査対象（個人、世帯など）に対応している。①質問文、②回答記入欄、③質問や回答のしかたに関する注意などが記載されている。質問文と回答記入欄の一組（セット）を質問項目とよぶことにすると、それは基本的に、（1）記述項目（被説明項目）、（2）説明項目、（3）基礎項目に分類できる。ただし、その区別は絶対的なものではなく、一つの調査項目が（1）の役割を果たすこともあれば、（2）の役割を果たすこともある。（3）は年齢、学歴、職業などの基本的属性であるが、これも同様である。

A 票

仕事と暮らしに関する全国調査（社会階層）

調　査　日	調　査　時　刻	調査所要時間
月　　日	（開始）　時　　分 （終了）　時　　分	分

1995年10月

（調査企画）1995年社会階層と社会移動調査研究会

（調査実施）社団法人　　　　　　　　　社

支局番号		地　点　番　号			対象番号		調　査　員　名	点　検　者　名

さっそくですが、あなたご自身のことをおうかがいします。

問１　(1)　性　別

1　男　性　　　　2　女　性

(2)　あなたのお生まれは何年何月ですか。

大正・昭和　＿＿＿年＿＿＿月＿＿＿日　１９□□年　□□月　満□□歳

〔注意〕１．名簿と照合し、対象者本人であることを確認すること。
　　　　２．西暦および年齢は、「調査要領」の早見表を参照の上、記入すること。

問２　あなたが15歳の頃、あなたの兄弟姉妹はあなたを含めて何人でしたか。すでに亡くなっていた方は除いてください。あなたはその中の上から何番目でしたか。また、同性のキョウダイの中では何番目でしたか。

兄弟姉妹数□□人　　全体の中で□□番目　　同性の中で□□番目

99　わからない　　99　わからない　　99　わからない

問３〔回答票１〕あなたが15歳の頃、お宅には次にあげるもののうち、どれとどれがありましたか。あったものをすべてあげてください。（M. A.）

1（ア）持　家	7（キ）自動車	13（ス）美術品・骨董品
2（イ）自家風呂	8（ク）ピアノ	14（セ）別　荘
3（ウ）ラジオ	9（ケ）電　話	15　どれもない
4（エ）テレビ	10（コ）応接セット	19　わからない
5（オ）冷蔵庫	11（サ）文学全集・図鑑	
6（カ）自転車	12（シ）株券または債券	

図2-1　SSM調査票（抜粋、次ページも）

問37〔回答票30〕一般的にいって、いまの世の中は公平だと思いますか。

1	2	3	4	9
(ア)	(イ)	(ウ)	(エ)	
公平だ	だいたい公平だ	あまり公平でない	公平でない	わからない

問38〔回答票31〕あなたの最近の生活では、自由時間（テレビを見たり、余暇や趣味などのために自由に使える時間）はどの程度ありますか。

1	2	3	4	9
(ア)	(イ)	(ウ)	(エ)	
たくさんある	ある程度ある	あまりない	全然ない	わからない

問39〔回答票32〕あなたは生活全般に満足していますか、それとも不満ですか。

1	2	3	4	5	9
(ア)	(イ)	(ウ)	(エ)	(オ)	
満足している	どちらかといえば満足している	どちらともいえない	どちらかといえば不満である	不満である	わからない

問40〔回答票33〕あなたは、次にあげるような活動をしていますか。最近の5、6年についてお答えください。

		(ア) 週に一回以上	(イ) 月に一回くらい	(ウ) 年に一回から数回	(エ) 数年に一度くらい	(オ) ここ数年間はしたことない	わからない
a	クラシック音楽の音楽会・コンサートへ行く	1	2	3	4	5	9
b	美術展や博物館に行く	1	2	3	4	5	9
c	歌舞伎や能や文楽を見に行く	1	2	3	4	5	9
d	カラオケをする	1	2	3	4	5	9
e	パチンコをする	1	2	3	4	5	9
f	ゴルフ・スキー・テニスをする	1	2	3	4	5	9
g	華道・茶道・書道をする	1	2	3	4	5	9
h	短歌や俳句を作る	1	2	3	4	5	9
i	社会的活動に参加する（ボランティア活動、消費者運動など）	1	2	3	4	5	9
j	小説や歴史の本を読む	1	2	3	4	5	9
k	スポーツ新聞や女性週刊誌を読む	1	2	3	4	5	9
l	手づくりでパンや菓子をつくる	1	2	3	4	5	9

問41〔回答票34〕あなたの子どもの頃を、思い出してお答えください。次のようなことは、ありましたか。

		(ア) よくあった	(イ) ときどきあった	(ウ) あまりなかった	(エ) なかった	わからない
a	子どもの頃、家族の誰かがあなたに本を読んでくれましたか	1	2	3	4	9
b	小学生の頃、家でクラシック音楽のレコードをきいたり、家族とクラシック音楽のコンサートに行ったことがありましたか	1	2	3	4	9
c	小学生の頃、家族につれられて美術展や博物館に行ったことがありましたか	1	2	3	4	9

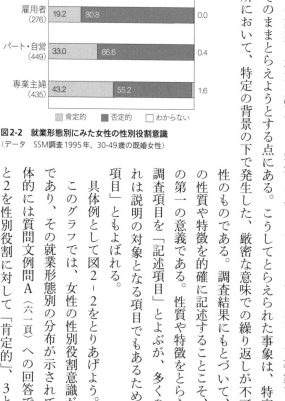

（1）記述項目（被説明項目）

社会調査の最大の強みは、発生している（あるいは過去に発生した）事象を、現地調査でそのままとらえようとする点にある。こうしてとらえられた事象は、特定の時点と場所において、特定の背景の下で発生した、厳密な意味での繰り返しが不可能な一回性のものである。調査結果にもとづいて、その事象の性質や特徴を的確に記述することこそ、社会調査の第一の意義である。性質や特徴をとらえるための調査項目を「記述項目」とよぶが、多くの場合、それは説明の対象となる項目でもあるため、「被説明項目」ともよばれる。

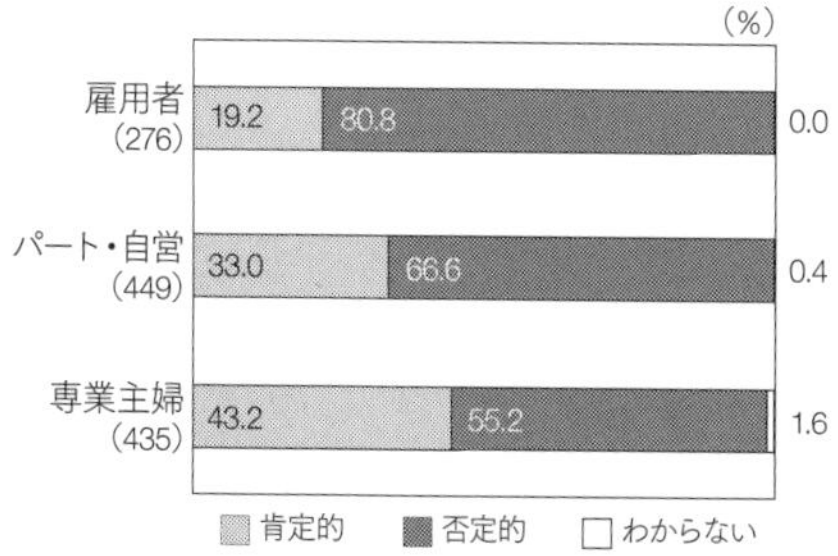

図2-2　就業形態別にみた女性の性別役割意識
（データ　SSM調査1995年、30-49歳の既婚女性）

具体例として図２－２をとりあげよう。

このグラフでは、女性の性別役割意識が記述項目であり、その就業形態別の分布が示されている。具体的には質問文例問Ａ（六一頁）への回答であり、１と２を性別役割に対して「肯定的」、３と４を「否定的」とまとめている。データは第四章の表4-1（一三五頁）にもとづいているが、合計欄（表(a)と一致する）の全体の分布をみると、一九九五年の時点でも、ほぼ三分の一（三三・五%）の女性が性別役割分業に肯定的であることがわかる。就業形態別では雇用者＜パート・自営＜専業主婦という順で、肯定率に明らかな差がみられる。

(2) 説明項目

社会調査の結果、何らかの集団的特徴が明らかになったとしたら、「なぜそうなのか」という疑問をもつ人は多いだろう。説明とは、この「なぜなのか」という問いに答えることである。記述に加えて説明が目的となっている調査も少なくないし、学術調査の中には、被説明項目の分布はわかっていて、説明のみを目的としているものもある。先に述べたように、全体では三分の一の女性が性別役割分業に肯定的であるのに対して、三分の二が否定的であった。なぜこのように意見が分かれるのだろうか、あるいは、異なる意見をもたらす要因は何か、というのが具体的な問いである。この被説明項目の分布に影響を及ぼすと予想される要因を示す項目が「説明項目」であり、図2-2に示された就業形態が、ここではそれにあたる（第四章で詳しく説明する）。

（3）基礎項目

回答者の性別、年齢、学歴、職業、収入など、あるいは家族の情報などの基本的属性に関する項目である。基礎項目は、説明項目（図2－2）や記述項目（たとえば、図4－2の世帯収入分布）として以外にも、調査において次の三つの重要な役割を果たすと考えられる。

・記述の詳細化

全体としてだけでなく、より細かく分布の特徴を記述して利用することが可能になる。たとえば、ある商品に関する市場調査の結果を男女別にみたとき、女性に人気がないということが明らかになったとしたら、企業では、その理由を知るための調査をさらに企画する場合もあるだろうし、理由はともかく、女性向きの景品をつけるという販売促進戦略をとることにするかも知れない。

・説明の探索

社会調査データを用いて事象の説明を行うためには、説明（あるいは仮説）とそれに対応した説明項目を準備しておくことが決定的に重要である。この説明は、既存の理論、これまでの研究成果などを参考にした思索から導かれる。しかし、われわれは常に明確な仮説をもって問題の探求にとりかかることができるわけではない。また、社会調査データが仮説どおりの関係を示さなかったとすれば、新たな説明が必要である。あるいは、事象についての記述の過程で、説明すべき問題が浮上してくることも少なくない。

こうした場合には、調査データから別の説明のしかたを「探索」していくことが必要となる。これは、被説明項目と他の調査項目との関係、とりわけ基礎項目との関係の検討を通して行われる。たとえば、表４－１の性別役割意識は年齢とも関係があり、年齢層が高くなるほど肯定的な回答の比率は高くなる。そこで、年齢の差異がもつさまざまな意味、たとえば、

年齢の違いは、加齢による保守化傾向を意味しているのではないか

年齢の違いは、受けてきた教育の違いを意味しているのではないか

年齢の違いは、時代による女性の労働環境の違いを意味しているのではないかなどということを検討（解釈）しながら、性別役割意識の違いをもたらす要因を探索していくのである。

・要因のコントロール

実は、図2-2では三〇歳代と四〇歳代の既婚女性に分析対象が限定されている。これは、女性の就業形態と年齢の間には、高年齢ほど専業主婦が多いという相関関係があり、就業形態と配偶状態（未婚・既婚）の間には、未婚の女性には雇用者が多いという相関関係が存在するからである。したがって、就業形態と性別役割意識との関係は、年齢と性別役割意識、あるいは配偶状態と性別役割意識との関係を示すものであり、これらが性別役割意識に影響をもっているという可能性を否定できない。

SSM調査の対象者は二〇歳〜六九歳という幅広い年齢層にわたっている。この全体について就業形態と性別役割意識の関係を検討したとき、かりに専業主婦で肯定率が高かったとしても、専業主婦には多くの高齢者が含まれており、実はそちらの方が本当の要因であったのだとか、また、雇用者で否定率が高かったのは、雇用者には未婚の人が多く含まれていて、それが本当の要因だったのだ、という可能性がある。本当の意味で就業形態と性別役割意識の関係を検討するためには、こうした可能性をもつ他の要因の状態が同一である人びとの中で行われなければならない。これが分析対象を限定した理由である。

このように、同一の状態の調査対象を選びだしたり、同一状態のグループに分割したりすることを要因のコントロールといい、年齢や配偶状態を含めて、基礎項目はしばしば「コントロール項目」としての役割を果たす。

もちろん、コントロール項目の役割を果たすのは基礎項目に限られるわけではない。たとえば、「結婚観」のような意識をコントロール項目にして、対象者を「結婚観」の異なるいくつかのグループに分け、それぞれのグループ内で、就業形態と性別役割意識の関係を検討したりする。しかし、年齢差についてみたように、基礎項目がきわめて多様な意味を内包しているので、しばしばそれを用いたコントロールが行われるのである。

1・2　事象から質問文へ

性別役割意識については次のような質問文が用いられている。

問A：「男は外で働き、女は家庭を守るべきだ」という意見について、あなたはそう思いますか、それともそうは思いませんか。
1　そう思う
2　どちらかといえばそう思う
3　どちらかといえばそう思わない
4　そう思わない
9　わからない

調査者がとらえようとした事象とこの質問文との関係を検討しておくことにしよう。

事象の概念化

たとえば、一九九五年のSSM調査では、ジェンダー間の役割分業のありかたがテーマの一つであったが、とくに女性の側の性別役割分業に対する態度を知ることが必要になった。これがとらえるべき事象である。態度を把握するさまざまなやりかたが考えられるけれども、これを「性別役割意識」として概念化した。つまり、いくつかの生活場面の選択的状況における自覚的な（意識化された）態度によって把握するのである。

操作的定義と測定

概念化がなされればすぐに調査が可能になるわけではない。ここでは、家事分担という生活場面をとりあげて性別役割分業のあり方を問題にしているが、家事の完全に平等な負担の可否を問題にするのか、家庭と仕事という分担の是非を問題にするのかによって、質問の内容も変わってくる。具体的に何について質問するのか、いわばどう測定するのかまで含んだ形で概念を定義する必要がある。このような定義を操作的定義とよぶ。

いま、家事分担という生活場面における性別役割分業とは、家庭と仕事という分担の是非の問題であると操作的に定義されたとする。そこで、「男性は外で働き、女性は家庭を守るべきである」という意見に対する賛否を問うという形の質問文が作られる。この質問文を用いて調査が行われ、1〜4あるいは9のいずれかの回答（測定値）が得られる。その回答を集計して、個数（人数）、比率、平均値などの統計量が求められるのである。

1・3　質問文の性質

質問文が備えるべき性質

調査票調査における質問文は、回答をひきだすための用具であり、回答の質、ひいては調査の質を基本的に決定する要因である。質問文は次の三つの性質を備えていることが望ましい。

（1）妥当性（validity）
得ようとしている情報が的確に回答してもらえるという性質で、一番大事な性質であることはいうまでもない。調査者は、この質問によって本当に自分の知りたいことを回答してもらえるかどうかを、常に気をつける必要がある。

（2）信頼性（reliability）

回答の安定性（stability）ともいいかえることができ、同一の事象について質問が行われたならば、常に同一の回答が得られるという性質である。たとえば、政治意識の調査において、支持政党をたずねる次の二つの質問を比較してみよう。

> 問B：あなたは現在どの政党を支持していますか。
> 問C：あなたはこの前の選挙でどの政党の候補に投票しましたか。

問Bでは支持政党を直接たずねており、問Cでは、人びとは支持政党の候補に投票するであろうという仮定にもとづく間接的な質問である。したがって、妥当性に関しては、Bの質問の方が優れていることは明らかだろう。しかし、自分の支持政党ということについて、人びとはどの程度自覚的なのだろうか。そう考えると、信頼性という面では、実際の行動をたずねているCの質問の方が優れていると思われる。なぜならば、自分の「支持政党」というような、たぶん多くの日本人が普段自覚していないようなことがらについてあらためて回答を求められても、その回答は安定しない可能性が高いからである。

一般的には、現在の自分からかけ離れていることがらに関する質問であるほど、信頼性は低くなるといえるだろう。

（3）比較可能性（comparability）

他の調査結果と比較できるという性質であり、具体的には、なるべく共通の質問文を用いることを指す。同一の質問文を用いた他の調査結果と比較することによって、自分の調査結果の意味や確実性について評価することが可能になる。

誘導的質問を避ける（中立的質問）

社会調査では、何らかの意見を求めることが多い。右の性質に加えて、質問文の微妙ないいまわし（wording）によって、回答を一定の方向に誘導するような質問を避けなければならないことはいうまでもない。これは、あまり気づかれない誘導の可能性をもった質問の例である。

問Ｄ：世間では……といわれていますが、あなたは……。
問Ｅ：……という意見にあなたは賛成ですか。

問Ｄに関しては、これまでの研究から、人びとには政治的ヒーローなど、いわゆる「権威」に賛同しやすい傾向があるといわれている。ここでは、「世間」がその権威の役割を果たす可能性がある。そこで、「世間」を除いて、「〇〇という意見にあなたは……」という聞きかたの方が望ましい。

問Ｅは賛成か否かをたずねる質問で、何も問題がなさそうである。しかし、人びとには、「はい」と答えがちな傾向（yes-tendency）のあることが指摘されており、この質問は、「賛成」の方向に回答を誘導する可能性がある。そこで、「……あなたは賛成ですか、それとも反対ですか」と選択肢をきちんと示す方法や、「次の二つの意見のうちで、あなたが賛成なのはどちらですか」として、対立的な二つの意見を提示して選んでもらうという方法が望ましい。

質問と回答の役割

調査において質問が果たす役割を示したのが図2-3である。質問が回答者に投げかけられ、回答が行われるが、質問は実験でいえば刺激にあたり、回答は刺激に対する反応にあたる。調査者は回答者に関する事象、具体的には回答者の状態・意識・態度などについての情報を得たいけれども、多くの場合、それらを直接把握することは不可能であり、回答者の回答から推測を行う。たとえば、いま仮に回答者AとBの回答が異なっているとしたら、その回答をもたらした状態・意識・態度などが異なっていると推測するのである。

ここで重要な点は、投げかけられる質問が、すべ

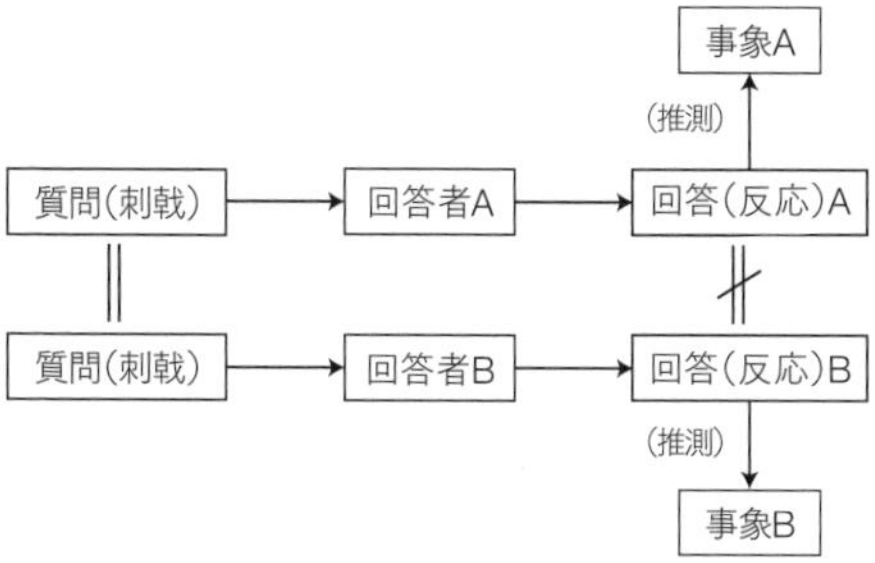

図2-3　調査における質問と回答の役割

ての回答者にとって同一のものであるということである。質問が異なっているとしたら、回答が異なっていてもこのような推測は成り立たない。調査票調査では同一の質問文が用いられるから、質問の形式的な同一性は保証されているけれども、そのことがすべての回答者に同じ意味をもった質問として受け取られること（実質的同一性）を保証するものではない。これに対して、聴取調査の場合には質問の形式はバラバラである。むしろ、調査対象に適した形式を選択することによって、実質的な同一性を確保しようとするものであり、同一性の判断は調査者の主観にまかされる。ただし、これはややもすると調査者の一人合点に陥りやすく、注意が必要である。

単純性・明快性

すべての回答者に同じ意味をもったものとしては伝わらない危険性のある質問文のタイプにはさまざまなものがある。曖昧な言葉を含んだ質問、やたらと長々しく意味の伝わりにくい質問などは、すぐに思いつくが、文自体だけではなく、質問文の並び方の影響などもあるので、詳しくは専門書をみてほしい。

一つだけ例をあげておけば、難しい言葉を含んだ質問がある。

一部の人にしか理解のできない、難しい言葉や業界用語などを含んだ質問は、理解できるかできないかによって回答が影響を受ける可能性がある。やっかいなのは、その言葉を理解できない人が、「わからない」「言葉の意味が理解できない」とは必ずしも回答してくれないことである。これはアメリカでの実験例であるが、まったく架空のMetallic-Metals問題について、「連邦（つまり国）で法律を制定すべきか、各州にまかすべきか」という質問をしたところ、誰もその問題を知るはずがないのに、七〇%以上の回答者が「連邦」あるいは「各州」のいずれかを選択したという事実がある。ただし、この質問に関しては、アメリカでは「連邦か」「州か」ということが、いつも人びとを熱くさせるホットな政治的話題であるという事情も考慮する必要があると思われる。

質問文の作成にあたっては、単純明快ということが原則である。ただ、妥当性、信頼性、いいまわしのいずれについても、決め手となる方法や基準があるわけではない。質問文について批判的に検討を加えることは重要であるが、よりよいと思われる質問文を提案して結果を比較するという、建設的な態度こそがより重要であろう。また、作成した調査票を用いて、少数の身近な人を対象にしたものでよいから、予備調査を行い、さまざまな可能性を検討して改善をはかることも不可欠である。

1・4 回答の求め方

回答の形式

調査票調査における回答の形式には、基本的に選択回答法と、自由回答法とがある。選択回答法とは、問Aや問Fの例のように、調査票に（回答の）選択肢が印刷されていて、回答者にそれらのうちから選択してもらう。自由回答法とは、問Gの例のように、調査の際には回答者に自由に話して（回答して）もらって、それをそのまま記録しておくという方法である。

問F：人の暮らしかたにはいろいろあるようですが、次にあげるもののうちで、あなたの気持ちに一番近いものはどれですか。

1 一生懸命働き金持ちになること
2 まじめに勉強して名をあげること
3 金や名誉を考えずに自分の趣味にあった暮らしかたをすること

4　その日その日をのんきにクヨクヨしないで暮らすこと
5　世の中の正しくないことを押しのけて、どこまでも清く正しく暮らすこと
6　自分一身のことは考えずに社会のためにすべてを捧げて暮らすこと
7　その他：具体的に記入〔　　　　　　　　　　〕

問G：あなたはその職場でどのような仕事をなさっているのですか。なるべく具体的に詳しく教えて下さい。

コーディング

調査票調査（統計調査）では、①あり得る回答をいくつかのカテゴリーに分類し、②コンピュータなどで処理しやすいように、それらのカテゴリーに対して一定の記号（コードcode）を定め、③個々の回答を所定のコードで記号化する、という作業が調査の後で必要になる。この作業をコーディング（coding）という。選択回答法では、あらかじめ分類と記号（問Fのように数字が多い）が定められているから、回答者にそれらのうちから選択してもらえば、事実上コーディングも終了してしまう（プリコーディングpre-coding）。

自由回答法では、調査終了後、調査票をながめながら、①～③の作業を行う（アフターコーディング after-coding）。なお、中間的な形態として、回答者には自由に回答してもらい、それを調査員が判断して、あらかじめ定められたカテゴリーのいずれかに分類する、というやりかたもある。

アフターコーディングでは、作業の信頼性ということが常に問題となる。これは、コーディング担当者（コーダー）自身、あるいはコーダー間で判断の基準が一定しているか、判断のブレがないかということである。そのため、あらかじめコーディングのやり方を細かく指示したコードブックを用意したり、コーディング経過のメモを作成しておいたりすることが重要である。

選択回答法

実際の調査では、多くの質問（回答）が選択回答法を採用している。それは、的確な選択肢が設定されていれば、回答者と調査員の双方にとって最も楽な方法だからであり、調査後の処理も簡単である。これに対して、自由回答法では、回答者は自分で回答を考え出す必要があるし、調査員は回答を的確に記録するための能力が要求され、調査後の処理も煩雑である。

　ただし、選択回答法に対しては、回答者は、選択肢のどれもが自分の回答とは微妙にくい違っているとか、実はその質問について何の回答（意見・意識）も持っていないような場合であっても、選択肢が提示されているので、むりやりどれかのカテゴリーを選んでしまう恐れがある、という批判が行われる。これに対して、自由回答法の場合には、記録がうまく行われていれば、回答の微妙なニュアンスを知ることができる。

　しかし、分析という作業には、回答をいくつかのカテゴリーにまとめるという過程が必ず含まれるのであって、アフターコーディングの結果、回答の細かいニュアンスが失われてしまうということは、ある程度は避けられない。自由回答を分類したら選択肢のカテゴリーとあまり違わないものになってしまったという場合も、決して少なくない。

　また、調査者が知りたいと思ったことについて確実に答えてもらうには、選択肢を示さないだけに、自由回答法ではよほど的確な質問のしかたが必要になる。たとえば、「〇〇について考えていることを自由に答えて下さい」というような漫然とした質問のしかたをした場合、確かに多様な回答は得られるだろうが、いろいろな次元の回答が混じっていて、結局はまとめることができない、ということになってしまいがちである。さらに、回答の差異が、意見・意識の差異ではなくて、回答を文章の形にまとめる意欲や能力の差異であることが少なくない。意見をもっていても、面倒になって「わからない」と答えてしまいがちである、という欠点もある。

結局、社会調査においては、可能な限り選択回答法（プリコーディング）を採用すべきであろう。上記の欠点については、回答者に対して、選択肢以外の回答（「その他」）が可能であることをはっきりと知らせるとともに、調査員には、「その他」の回答の内容を詳しく記録させ、アフターコーディングによって、既存のカテゴリーのいずれかに含めるか、あるいは、新しいカテゴリーを追加することによって、ある程度防止することができるだろう。

自由回答法（アフターコーディング）の採用は、①事前に十分な研究を行って、それでもどのような回答が現われるか見当がつかない場合、②回答がきわめて多様であって、どのカテゴリーにあてはまるか回答者が判断することが困難な場合、などに限定すべきである。たとえば、調査票の例として示したSSM調査では、職業を約二〇〇種類に分類して分析している。二〇〇もの選択肢を提示することは現実的ではないので、問Gの自由回答をアフターコーディングするという方法を採用している。

選択肢の設定

選択回答法において的確な選択肢のカテゴリー設定が重要であることは、あらためていうまでもない。質問文と同様の性質がここでも求められるが、何よりも事象の実態に即したものでなくてはならない。実態を反映しない選択肢では、調査者がもっている枠組みの中に事象の方を押し込めてしまうことになる。

たとえば、問Fの質問の場合、人びとの考える生き方の相当部分をカバーしているといえるだろうか。たしかに、質問文では「選択肢の中で」自分の気持ちに一番近い生き方をたずねているけれども、「人びとが理想としている生き方」というのが、この質問の真意だろう。カバーの範囲が狭いと、「その他」という回答が増えたり、単に選択したものが一番多かったものが、「日本人の理想の生き方」にまつりあげられてしまったりする危険がある。

ただし、質問文に関してあげた比較可能性という性質は、選択肢ではより重要である。選択肢の改変は、他の調査結果との厳密な比較を困難にする（第五章を参照）。ある生き方の比率が変化したのは、人びとの考え方そのものが変わったからなのか、それとも選択肢や構成や表現などが変化したからなのか、確かめることができない。比喩的ないいかたであるが、八〇%程度満足できるとしたら、比較可能性の方を優先すべきだというのが、筆者の信念である。

また、たとえば政治意識の調査では、問Bのように支持政党をたずねることが多いが、政党名のリストの中から一つを選んでもらうのが普通である。しかし、政党ごとに支持するかしないかをたずねてみると、二つないし三つの政党について「支持する」と答える人が意外に多い。このように、一つの政党を支持する人はそれ以外の政党は支持しないはずだ、という調査者の思い込みによって無反省に質問を作ると、人びとの政党支持意識の重要な特徴を見逃してしまう危険がある。

1・5 量的変数の利用

調査票調査における調査項目とその回答は、変数（variable）とその値（value）という統計用語に置き換えると理解しやすい。変数とは、個体によって値の異なる特性のことをいう統計用語である。たとえば収入は変数であり、収入額（値）は個人や世帯によって異なっている。ただし、値は収入のように数量で示されるものも（量的変数）、性別のようにカテゴリー（「男」「女」）で示されるもの（質的変数）もある。そして、変数の性質によって集計・分析のやりかたも異なってくるし、どのような集計・分析をやりたいかによって回答の求めかたも異なってくる。選択回答法における選択肢の各カテゴリーは変数の値に対応するが、その多くは、「賛成」「反対」など、数量とは関係の薄い質的変数である。

量的変数と質的変数を比較すると、分析に用いることのできる統計解析技法の種類は、圧倒的に前者の方が豊富である。したがって、可能であれば量的変数の形でデータが得られることが望ましい（量的変数を質的変数に変換することは容易である）。しかし、明らかに量的差異をもつものであっても、それを数値で表現することが困難な事象が多いことも、また事実である。

社会調査と量的変数

社会調査において量的変数を得る主要な方法には、以下のものがある。

（1）年齢や収入などは実数値（歳、円）で回答を求める。

（2）質的変数の各カテゴリーに対して、調査者の側で数値を割り当てて、量的変数に置き換える。たとえば、「中学卒」「高校卒」「大学卒」などの学歴のカテゴリーに、9、12、16などの就学年数を割り当てて、量的変数として用いる。また、「賛成」「どちらかといえば賛成」「どちらともいえない」……というような、程度や順序を示すカテゴリーに、1、……、5というコードをふり、それを量的変数の値とみなして用いることもある。

(3) 複数の質的変数を組み合わせて量的変数を作る。たとえば、人びとの財産所有の程度を示すために、持ち家、乗用車、株券・債券など、一〇~一五種類ほどの代表的な財産項目それぞれについて所有の有無(質的変数)をたずね、所有個数を財産変数(量的変数)の値とする。このように、複数の変数から別の量的変数を作る方法を尺度構成法といい、心理学や統計学を中心に大きな研究分野となっている。

2 現地調査(実査)

2・1 個別訪問面接調査

作成された調査票を用いて行われる実査の諸手法のうちで、最も基本的な方法といえるのは、調査員（実査担当者）が調査対象者を個別に訪問して行う個別訪問面接調査である。

個別訪問面接調査では、実査に先立って、調査員は一ヶ所に集合し、①調査票、②調査員ごとの調査対象者名簿（住所、氏名、性別、生年月日などが記載されている）、③調査員マニュアルなどの調査の用具を受け取るとともに、調査員マニュアルにもとづいて、調査のやりかたに関する指導（インストラクション instruction）を受ける。インストラクションでは、調査の概要、協力依頼の交渉のしかた、個々の質問のしかたなど、細々とした注意が行われる。また、調査員と回答者に扮してリハーサルをやってみることも多い。

次に、調査員は調査現地へ移動し、調査対象者を一人ずつ訪問して調査を行う。図２－４には、その様子が示されている。

図2-4　個別訪問面接調査のようす

調査票は調査員がもち、質問文を読み上げて回答を得る。回答の内容も調査員の方で記録する（「他記式」という）。調査対象者がもっているのは、回答の選択肢が印刷されたリストであり、必要に応じてこれをみながら回答する。

調査対象者にはあらかじめ協力依頼の手紙が送られているのが普通である。しかし、すぐに調査を開始できることは少ない。あらためて調査の趣旨を説明したりして、粘り強く協力依頼をすることが必要になる。協力を拒否されたり、対象者が不在であったりして、何回か訪問を繰り返さなければならないことも多い。また、一回目の訪問では時間の予約だけして、あらためて再訪問することもある。

この個別訪問面接調査は、調査対象者に協力を直接依頼するので、比較的回収率（協力率。第三章を参照）が高いことが知られているけれども、調査対象者を一定時間拘束することになるなど、調査対象者の負担が大きいという問題点がある。また、一人の調査員が面接できる調査対象者の数には限度があるので、結局、多くの調査員を動員することになり、広い地域にまたがる調査の場合には、調査員の交通費も膨大なものとなるなど、費用が大きい。

2・2　その他の実査方法

留置《とめおき》調査

配票調査ともよばれる。調査員が調査対象者を訪問し、調査協力を依頼し調査票を預ける。調査対象者は調査票を読んで、自分で回答を記入する（「自記式」という）。調査員は数日後に再訪問し、記入内容を点検しながら調査票を回収する。なお、面接調査と組み合わせて実施することもある。

この方法は、調査対象者の都合のよいときに回答することができるし、調査員と相対しているわけではないので、落ち着いて回答することができる。また、訪問したときに調査対象者本人に会えない場合であっても、直接家族などに依頼できるので、回収率は高い。一人の調査員が個別訪問面接調査よりも多くの調査対象者を担当できるので、費用は相対的に小さくてすむという長所もある。

郵送調査

調査票を調査対象者に郵送し、回答を記入して返送してもらう方法である（自記式）。

簡便に実施でき費用も訪問面接調査や留置調査に比べれば小さいため、実際の社会調査において、おそらく最も多く採用されている方法であろう。ただし、他の方法とは異なり、調査対象者に直接協力を依頼するということがないので、調査テーマに対する関心が高い場合を除けば、調査票の返送率（回収率）が一般に二〜四割程度と極めて低いという、重大な欠陥をもっている。回答督促の方法やタイミングなど、回収率を向上させるための研究も行われてはいるけれども、必ずしも郵送調査全体の改善にはつながっていないようである。

電話調査

調査員が調査対象者に電話を掛けて、口頭で質問と回答が行われる方法である（他記式）。この方法では、調査票も選択肢リストも回答者に提示することができないため、比較的簡単な市場調査や世論調査などで頻繁に用いられている。頻繁に用いられるのは、調査員の交通費が不要で安上りであり、短時間のうちに結果を得ることが可能だからである。また、訪問時のトラブルなどで調査員が事故にあう危険がないので、アメリカなどではかなり複雑な調査であってもこの方法が採用される。しかしこの方法は、調査対象者の協力拒否に合いやすいので、回収率（協力率）は低いという欠点がある。

電話調査は、調査対象者が電話所有者に限られ、かつそれは階層的に上層に偏っていると指摘されていたが、普及率の上昇によって、この欠点はかなり解消された（ただし、固定式電話から移動式電話への利用の移行という、新たな問題が生じている）。しかし、かなりの割合の電話所有者が電話番号簿（電話帳）に記載されておらず、標本抽出台帳として用いることができないことは、よく知られている。そこで、現在ではＲＤＤ（random digit dialing）という方法を用いることが多い。これは、コンピュータによって電話番号をランダムに発生させて電話をかけ、その電話が個人所有のものであった場合に、その世帯員の一人をランダムに選んで調査対象とするという方法である。たとえば、「お宅には二〇歳以上の方は何人おられますか」と質問して、もし二人以上であったら、ランダムに一人を選んで、「それでは、年齢が〇番目に高い方にお願いできませんか」というように協力を依頼する。

この方法であれば、すべての電話所有世帯員を母集団とみなすことができるけれども、厳密にいえば、こうして選ばれた調査対象者は単純に無作為抽出された標本ではないことに注意が必要である。なぜなら、各世帯の世帯員数は同一ではないから、標本として抽出される確率も全個人が同一ではないのである。

集合調査

やや特殊な実査の方法である。調査対象者に一ヶ所に集合してもらい、その場で調査票を配って回答してもらう方法である（自記式）。学生、生徒、企業の従業員など、特定集団の成員に対する調査の際に、しばしば用いられる。この方法は、費用が安上りで、性や差別の問題のように社会的抑圧の強いことがらや、所属集団（企業）に対する不満など、調査員との一対一の面接では聞き出せないような本音を、案外洩らしてもらえる可能性がある。たとえばＪＡＳＥ調査（青少年の性行動全国調査）は、中学生・高校生・大学生を対象にした性行動と性意識の実態調査であるが、学校のクラスを抽出して、そのクラスへ調査員が出掛け集合調査を行っている。

ただし集合調査は、回答者がその場の集団的雰囲気（たとえば、ふざけた発言など）に影響されがちであるという欠点をもっている。場合によっては、調査結果が使い物にならなくなるということさえある。

2・3　調査場面のコントロール

これらの実査方法のうちで、個別訪問面接調査が最も基本的な方法であると、これまで繰り返し述べてきた。それは、調査者（調査員）が調査場面をコントロールできる唯一の方法だからである。電話調査と集合調査についてもある程度は可能であるが、電話調査の場合には間接的なコントロールにとどまるし、集合調査は特殊な対象にしか実施できないという限界がある。

調査場面のコントロールによって、以下のことがらが可能になる。

（1）調査対象者を確認して調査することができる。身代わり回答の可能性は、留置調査、郵送調査が抱えている本質的な欠陥である。
（2）周囲の人の口出しなどを排除するなどして、ある程度斉一的な調査条件を確保できる。
（3）回答方法の誤りなど、回答者の単純なミスを防止することができる。
（4）回答によって次の質問を枝分かれさせるなど、複雑な内容の調査を行うことが可能となる。

（5）回答者が調査票をみることができないので、前後の回答を意図的に整合化することが避けられる。

（6）調査者が現場にいることで、事実などに関するウソをある程度防止できる。

これらの多くが、どのような実査方法でも望ましいことがらであることは、いうまでもない。とりわけ（5）は、質問への即時的反応を調べたり、矛盾した意識の発見を目指したりすることの多い意識調査では、重要な実施条件である。しかし、個別訪問面接調査が常にベストの方法であるかといえば、必ずしもそうではない。

個別訪問面接調査の短所

第一に、いわゆる実態調査では、正確に資料を調べたりして回答してもらう必要があり、個別訪問面接調査は適していない。逆に、回答者を急かせることによって、回答ミスやホーソン効果を招く危険性もある。少なくとも、家計調査など、世帯や企業を単位として回答者が誰であるかや、個人の意見などを問わない調査では、明らかに留置調査の方が適している（回答ミスは、回収の段階である程度はチェックできる）。また、政治的意見をじっくりと考えてもらう必要のある調査も、個別訪問面接調査が必ずしも適していないが、他の方法では調査対象者の確認に問題は残る。

第二に、個別訪問面接調査は対象者に嫌われる傾向が強まっている。プライバシーに関する意識の変化や、犯罪に巻き込まれることへ不安から、人びとは未知の他人（調査員）を家屋内に入れることや応対することに非常に警戒的になっている。留置調査であっても協力拒否されることが、最近では少なくない。こうした場合には、他の実査方法を採用することもやむを得ないけれども、場面のコントロールということの重要性を意識して、工夫をこらすことが必要であろう。

代わりの実査方法の第一候補は郵送調査ということになるだろう。しかし、安易な郵送調査への移行は避けるべきだと、筆者は考えている。

郵送調査は、これまで述べてきたようにいろいろと欠陥の多い調査法である一方、ある意味でトラブルの少ない調査法である。郵送された調査票がクズカゴに捨てられてしまえば、それでおしまいである。抗議や拒否の電話をかけてくる人は、まずいない。調査企画者は調査対象者と直接向き合う必要がない。このような理由で郵送調査法が採用されることが少なくない。

しかし、調査対象者の抗議や拒否や疑問に誠意をもって対応することを厭う逃げ腰の調査態度で、どうしてよい調査結果を得ることができるだろうか。調査というのは、極端にいえば、調査対象者のプライバシーに属することがらを、無理やりのぞき見ようとする行為である。こうした重大な行為を行うにあたっては、それなりの決意と責任が当然要求されるのである。個別訪問面接調査が望ましい場合、とりわけ意識調査では、最大限その実施可能性を追求すべきであろう。

2・4　実査方法と調査結果

先にも述べたように、調査内容によって、それに適した実査方法は異なっていることがわかる。それでは、逆に不適切な実査方法を用いると、調査結果にどのような影響を及ぼすのだろうか。このような、実査方法の違いが調査結果におよぼす影響についての研究は、残念ながらあまり行われてはいない。

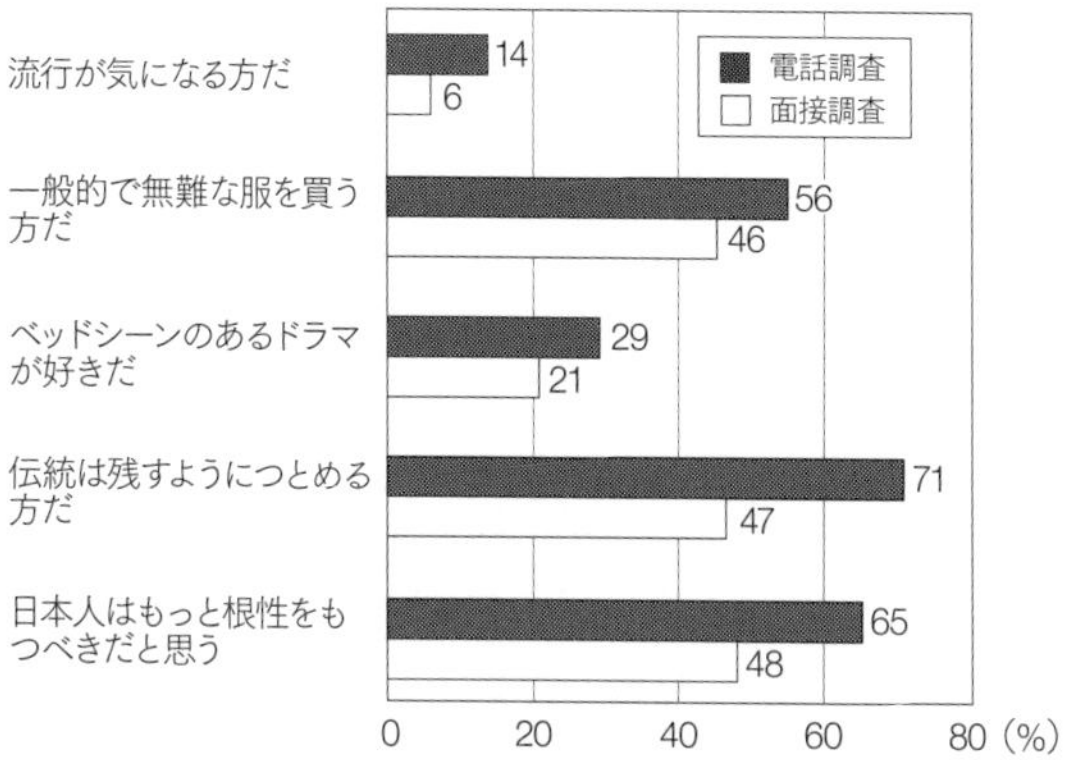

図2-5　自己評価率の電話調査－面接調査間比較
（資料　内閣総理大臣官房広報室『公聴手段としての電話意見調査法について』1976年より）

電話調査と面接調査

ただ、筆者は以前、電話調査と面接調査の比較研究を試みたことがある。面接調査を電話調査で代用できるならば、費用の大幅な節約が可能となる。この研究では、約三週間の間をおいて、同一の対象に電話調査と個別訪問面接調査を実施した。図２-５はその結果の一部であるが、自分がそれに「あてはまる」と答えた者の比率が示されている。

二つの調査結果には明らかな差がある。この研究では、「男女のベッドシーンのあるテレビドラマが好き」というような、調査員と対面しているか否かによって差の出そうな質問に着目していた。差の予想される質問に関して違いがないとしたら、それ以外の質問ではもっと差が小さく、電話調査による代用が可能になると考えたのである。しかし、実際にはそれ以外の質問でも大きな差が存在している。

この調査結果の特徴は、いずれの項目でも電話調査の方が比率が高いことである。調査の選択肢には「どちらかといえばあてはまる」というカテゴリーが存在するので、これも加えると比率の差はやや縮小するけれども、全体の傾向は変わらない。電話調査は面接調査と比較すると、より強い肯定的な回答が得られやすいといえそうである。これは、調査員と対面していないことによって、回答者がより大胆に（あるいは無責任に）なりがちだということを示すのではないだろうか。このことは、とりわけ意識調査にあてはまるように思われる。

このような傾向は認められるものの、どちらか一方の回答が本当で、他方がウソというわけではないだろう。決定的に優れた実査方法があるわけではない。一回の調査のみでは確実なことはいえないけれども、ある調査結果というのは、ある実査方法によって得られたもので、別の方法を採用したら、また別の結果がでてくる可能性があると考えた方がよいであろう。

面接者の影響

調査票調査では、やりかたが厳格に定められているので、面接者（調査員）の気分、パーソナリティ、技術の巧拙などという、攪乱要因の影響が調査結果に混入するのを、ある程度防止できる。しかし、面接者の影響をまったく無視できるわけではない。

面接者に第一に求められるのは、各回答者に対して同一の刺戟（質問）を与え、その反応（回答）を正確に記録することである。これは、いわば面接者に対して、測定装置としての役割を要求していることになる。しかし、面接者は他ならぬ人間である。この人間としての面接者が、無意識のうちに、個々の回答者の回答に影響したり、回答の一部を無視したり強調することによって、データに歪みを与える恐れはないだろうか。

この問題に関しては、ハイマンらによる大規模な実験的研究が知られている。ハイマンが歪みの可能性としてあげていることがらには、以下のようなものがある。

①面接者のパーソナリティや感情。

②回答者のパーソナリティや感情（たとえば、敵意、シニシズムなど）に対する、面接者の感受性。
③面接者のもっているイデオロギー。
④面接者の社会的属性。たとえば、性別、人種・民族、所属団体（調査主体）など。
⑤面接者が回答者に対して抱く予見。たとえば、「前の質問にはイエスと答えたのだから、……」（態度の一貫性）、「教師だから、……」（社会的役割）、「一般に六割位の人が〇〇だといわれているのだから、……」（分布確率）など。

ハイマンらの研究結果では、これらの可能性は確認されたけれども、いずれについても決定的な結論は得られていない。ただ、ここでは、次のことは指摘しておくことができる。

第一に、調査において、面接者は測定装置としての役割を期待されている。しかし同時に、面接者は調査に快く協力してもらい、スムーズに回答を引き出すための、いわばセールスマン／セールスウーマンとしての役割を期待されてもいるので、面接者は回答者と良好な人間関係（ラポール rapport）を回答者と結ぶ必要があるとされる。ところが、回答の歪みは、このラポールによっても起こることが知られている。つまり、回答者の面接者に対する親和感（あるいは同一視）が強すぎるときに、面接者が予想したり、期待したりする回答をしようとする傾向が生まれるのである。したがって、面接者としては、一方で仕事としてのある程度のフォーマルな態度を崩さないことが必要になるだろう。

第二に、回答の受け取り方に歪みが生ずるのは、回答が非常にあいまいであるなど、予想された枠組から外れていて、面接者（特に調査員）がどのように処置すべきか迷うような場合であることが多い。それを避けるためには、予備調査（プリテスト）を充分に行い、あらゆる状況に対応できるように、マニュアル類を作成しておくことが必要である。

2・5　虚偽（ウソ）への対応

回答者のウソは、調査者を困らせることがらの一つである。たとえば、

①模範回答としての、社会的規範に沿う形でのウソ

②自己顕示や見栄のためのウソ
③自我防衛によるウソ（年齢の詐称や偽悪的な態度など）
④プライバシー防衛のためのウソ（収入の過少回答など）
⑤その場の雰囲気に押されたウソ
⑥場当りで答えるウソ

などは、調査における代表的なウソといえるだろう。もちろん、ウソは現地調査だけの問題ではなく、調査票の作成とも大きくかかわっているけれども、ここで触れておくことにしよう。

ところで、われわれの日常的経験からも明らかなように、調査におけるウソには、回答者が〈意識的につくウソ〉と、〈無意識的につくウソ〉とがあるが、後者については、それを防ぐ方法はほとんどないといわざるを得ない。せいぜい、客観的な事実と照合できることがらに関して訂正を行うくらいである。

回答者が〈意識的につくウソ〉に関してもキメ手がないのが実情であるが、それでも、以下のような防衛策を講じておくことは必要である。

（1）調査の主題に応じて、回答者が最も真実を答えやすい調査方法を採用する。たとえば、「あなたはどう考えますか」と直接たずねるのではなく、「あなたの周囲の人だったらどう考えるでしょうか」というように、間接話法を用いる。

（2）調査の趣旨を説明し、調査員の態度などにも気を配ることによって、調査の真面目な意図を理解してもらう。ウソと結びつきやすいのは、プライバシーなどにかかわっていて、回答者があまり答えたくない質問であることが多い。このような質問はしないですますにこしたことはないが、それでは調査の目的が果せない場合が多い。そのときは、率直に質問すべきである。調査者側の真面目な意図が理解されれば、回答者は意外に素直に答えてくれるものである。

（3）質問の流れを工夫して、回答者が答えやすい雰囲気を作りだす。たとえば、回答者をあまり警戒させないように、調査員が基本的に回答に対して「同意」の態度を保持することなどが考えられる。

（4）質問をいくつか組み合わせることによって、ウソの発見につとめる。これもよく指摘されることであるが、現実にはあまり有効でない。たとえば、年齢（生年）と干支（干支に関する回答は極めて正確である）と組み合わせたり、年齢と学歴（とくに新制と旧制）を組み合わせてみたりすることがあるが、これによって可能になるのは、ウソというよりもケアレスミスの発見であることが多い。

こうした措置を講じた上で、ウソはある程度は避けられないものであると割りきるとともに、ウソには限界があるということを認識すべきである。ウソを作りだす一種の想像力は、その人の生活諸条件によって限界づけられており、また、調査員を前にして、たとえば、途方もない収入額を答えることは困難であろう。そこで、ウソと結びつきやすい調査項目については、たとえば、収入の分析のカテゴリをかなり粗く（おおざっぱに）設定するなどの、処理・分析の段階での工夫も必要である。

◉第三章

標本と母集団

社会調査の企画段階において、調査内容の決定とともに重要なのが調査対象の決定である。本章では、統計調査における調査対象の決定（標本抽出）の問題をとりあげる。

第1節（標本抽出の方法）では、無作為抽出法とよばれる調査対象の選び方を中心に、その方法と考え方について解説する。第2節（母集団と標本）では、無作為抽出された調査対象に対する調査結果から、われわれが知りたいと思っている社会の状態を推測するための推測統計理論を解説し、推測の具体例を紹介する。

ここからわかるように、第2節の内容は、調査のプロセスでいえば集計・分析の段階にかかわっており、第四章1〜2節で述べる作業と組み合わせて用いられる。

1　標本抽出の方法

1・1　標本調査の利点

統計調査は、その調査対象に関して、全数調査と標本調査に分けられる。全数調査とは、問題となっている社会や集団を構成している全個体（個人、世帯など）に対して調査を行う方法である。全数調査の代表例としては国勢調査があげられる。

これに対して標本調査では、社会や集団を構成する全個体のうちから、一部分を標本（サンプル sample）として選び出し（標本抽出。サンプリング sampling）、この標本に対して調査を行う。もとの社会全体（これを標本に対する母集団 population とよぶ）の状態は、調査結果にもとづいて推測される。今日、統計調査の多くがこの形態をとっている。

つまり、われわれは母集団における統計量（母集団統計量）を知るために調査を行うのであるが、全数調査の場合には、調査結果を母集団統計量とみなすことができる。これに対して標本調査の場合には、われわれは抽出された標本に対して調査を行い、得られた統計量（これを標本統計量とよぶ）から、統計学理論を用いて母集団統計量を推測する必要がある（図３－１）。

たとえば、日本全国の有権者の政治意識というように、母集団の規模が大きくなれば、標本調査を採用せざるを得ないことは、いうまでもない。しかし、単に全数調査の代用ということではなく、以下のような理由から、標本調査が積極的に採用されることが多い。

（１）調査の精度という面で、標本抽出にもとづく推測の誤り（サンプリング誤差）の可能性を、標本調査は避けることができない。しかし、回答の誤記など、それ以外の人為的ミスによる誤り（非サンプリング誤差）は、どちらにも存在し、しかも、調査対象者数に比例して可能性は増大するといわれる。したがって、非サンプリング誤差の可能性は全数調査の方がずっと大きい。結

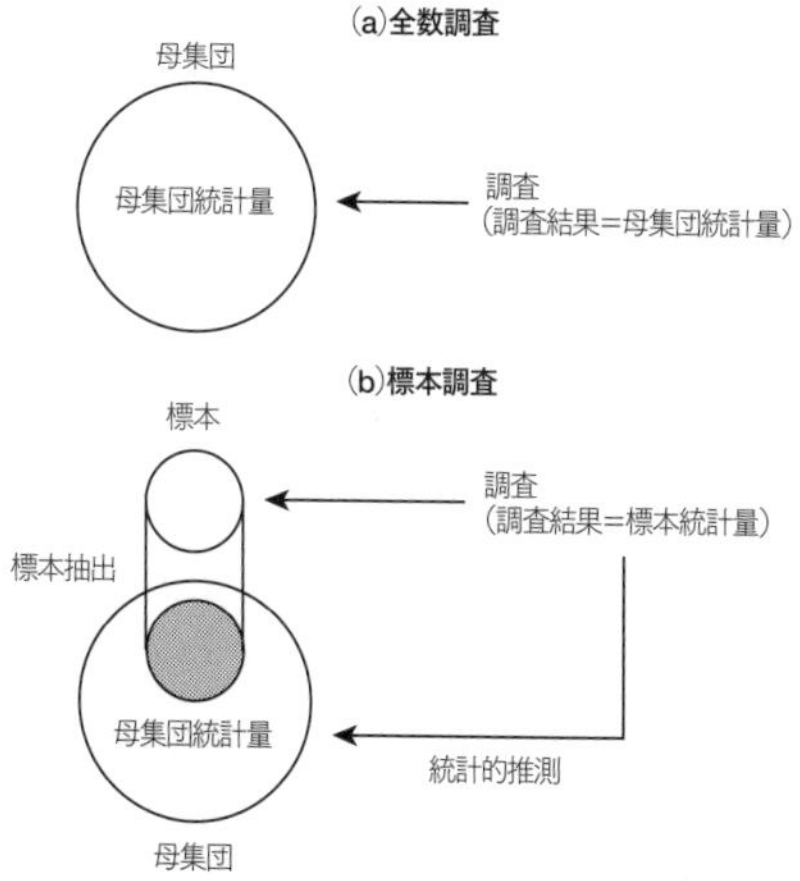

図3-1　全数調査と標本調査

局、(2)以下の長所を生かして非サンプリング誤差を小さく抑えながら標本調査を行った方が、全体としての精度は全数調査よりも高くなる可能性が高い。

(2)比較的少数の者に対して十分な訓練を施すことにより、良質で均質な調査員を確保することができる。そのことによって、調査の精度を上げることができるだけでなく、複雑な内容を含む調査を実施することが可能になる。

(3)調査対象者数が小さいから調査全体の管理が容易である。また、全体としての費用も小さくてすむ。

(4)調査を行うことによって、調査対象者に何らかの影響を与えてしまう可能性を否定できないが、仮にあるとしても、標本だけの小さな範囲に止めることができる。

1・2 標本抽出の考え方

母集団の縮図

標本調査における正確な推測のためには、標本が母集団のいわば「縮図」となっていることが望ましいことは、容易に想像がつくだろう。母集団の個体数をN、標本の個体数をnとしよう。そのうち、ある特性をもつ個体数(たとえばある政党を支持してい

る人の数）が母集団ではN'であったとすれば、標本における個体数n'は、個体総数の減少に比例した数、つまり、

$$n' = N'(n/N)$$

となる。また、平均値や比率など個体数に関係のない統計量については、母集団と標本で一致している。たとえば、比率の場合であれば、

$$n'/n = N'/N$$

となる。これが「縮図」の意味である。

標本抽出の方法

標本抽出の方法としては、無作為抽出法（random sampling）と割当抽出法（quota sampling）がよく用いられる。

（1）無作為抽出法

統計学理論を用いた母集団統計量の推測（これを統計的推測とよぶ）を行うためには、標本として選び出される確率（抽出確率）が、母集団を構成するすべての個体に関してわかっていることが必要である。そのような条件を備えた抽出法を無作為抽出法、作られた標本のことをランダムサンプル（無作為標本）という。とくに、すべての個体に関して抽出確率が同一であるという条件の下で、標本を構成する個体を選びだす方法を単純無作為抽出法（simple random sampling）とよぶ。

ここで「確率」とは、「理想的条件下での無限回試行によって得ることが期待される相対頻度」と定義しておくことにしよう。たとえば、サイコロの目の出現確率について考えてみよう。現実にはサイコロの重心の偏りや振り方による影響は無視できないけれども、それらが理想的であるとしたら、サイコロを振るという作業（試行）を繰り返せば繰り返すほど、それぞれの目の相対的な出現頻度は六分の一に近づいて行くと予想される。この六分の一が、それぞれの目の出現確率である。

同様に、単純無作為抽出法で一人だけ個体を抽出するとすれば、その抽出確率は

N分の1であり、n人を抽出するとすれば、N分のn（n/N）が各個体の抽出確率である。またこの方法は、標本として選びだされる可能性がすべての個体で等しいということであるから、いわばくじ引きの原理で行うということもできる。

（2）割当抽出法

無作為抽出法以外の方法を有意抽出法とよぶが、無作為抽出法が定着する以前の一九三〇年代から四〇年代に主として用いられたのが割当抽出法である。ただし、必ずしも過去の方法とはいえない。無作為抽出を行うためには、母集団を構成する全個体のリスト（名簿。標本抽出台帳という）が必要であるけれども、得られないことも少なくない。そのような場合には、今日でも割当抽出法が採用されることが多い。ただし、無作為抽出法とは異なって、各個体の抽出確率はわからないので統計的推測を行うことは不可能であり、調査の結果得られた標本統計量をそのまま母集団統計量とみなすしかない。

標本抽出を行おうとしている母集団に関して、たとえば居住地別、性別、年齢層別などの構成比を、われわれは国勢調査などの結果からあらかじめ知っていることが少なくない。割当抽出法とは、これらの構成比に比例した数の個体を選びだして、標本を構成する方法である。たとえば○○県に住む二〇歳代の女性の数が母集団の一五%を占めるとすれば、全個体数の一五%が○○県に住む二〇歳代の女性となるように標本を選びだすのである。この方法により、少なくとも居住地別、性別、年齢層別の構成比に関しては、標本は母集団の完全な「縮図」になる。ただし、割当抽出法については以下の二点で注意が必要である。

第一に、割り当てるべき個体数が決まったとしても、具体的にどの個体を標本として選びだすかについては、割当抽出法は何も指示していない。標本抽出台帳が存在しないのだから、結局、条件に該当する人をみつけだしては標本に加える（実際にはその場で調査を行う）ということを必要数に達するまでくりかえす、いわばでたらめな方法で進めるしかない。

第二に、われわれが本当に作りたいのは、調査のテーマにかかわる母集団の「縮図」であるにもかかわらず、割当抽出法はそのことを保証してはくれない。たとえば政党支持率の調査であれば、標本における政党支持率が母集団と等しくなることが望ましい。しかし、母集団における政党支持率は未知であるから、割当抽出法によって「縮図」を作れるという保証はない。逆にいえば、母集団における政党支持率が既知であるならば、調査をする必要はないのである。

それでは、居住地別、性別、年齢層別などによる割当抽出を行うことが無意味なのかといえば、そうではない。なぜならば、われわれが経験的に知っているように、人びとの意識は居住地、性、年齢などと関連をもっていることが多いから、これらの特性について母集団の「縮図」を作ることは、人びとの意識についても、標本が母集団の「縮図」となる可能性を高めることになるからである。

1・3　無作為抽出の方法

単純無作為抽出

標本抽出はどのように行えばよいだろうか。最も基本的な単純無作為抽出法の場合、母集団のすべての個体について、標本として抽出される確率が等しくなるように、ランダムに一定数の個体を選び出す方法であり、くじ引きの原理で選び出すのだと述べた。つまり、それぞれに個体名を書いたくじを全個体数だけ用意して、そこから決められた数のくじを引き抜くのである。しかし、母集団の規模（全個体数）が大きな実際の社会調査では、この方法は現実的ではない。
実際の標本抽出は、選挙人（有権者）名簿、住民基本台帳など、あるいは電話帳、団地居住者名簿、会員録などを標本抽出台帳として行われることが多い。全個体（個人、世帯など）のリストに1、2、3、……、Nという番号をふっておく。次に、1からNまでの中から一つの数をランダムに選び、その数（番号）のふられた個体を標本として抽出するという作業を繰り返して行う。

ランダムとは？

ところで、「数をランダムに選ぶ」とは具体的にどうやるのだろう。ランダムは、「でたらめに」とか「無作為に」と訳されるが、そのようにして数を選ぶための最も原初的な方法は、正二十面体のサイコロを振ることであろう（一〇二頁参照）。サイコロには0から9までの数字の書かれた面が二面ずつ存在する。Nが三桁の数であれば、サイコロを三回振って抽出すべき個

図3-2　正二十面体サイコロ

体の番号を得ればよい。図3－2は筆者が試作したサイコロであるが、ホビーショップでも購入することができる。

しかし、これでは手間がかかりすぎる。ランダムに選ばれた数のならびを乱数（random number）というが、冊子体の乱数表として市販されているので、これを用いればよい。スタート位置をランダムに選び、その後を三桁とか四桁毎に区切って抽出すべき番号とする。しばらくしたら、別の頁をランダムに選んで、同じ作業を繰り返す。

なお、コンピュータやパソコンで乱数に近い数列（疑似乱数）を発生させることができ、シミュレーションなどに用いられる。これを、電子ファイル上の標本抽出台帳と結びつけたり、電話番号として用いたり（電話調査のＲＤＤ法）すれば、標本抽出の手間を更に軽減することができるし、実用的である。

系統抽出

ただし、この方法であっても、実際に行ってみるとかなり煩雑である。また、同じ数が何回も選ばれたときの処理など、理論的にも難しい対応が必要になる場合も少なくない。そこで、単純無作為抽出法の代用として現実に用いられているのが、系統抽出法（systematic sampling）とよばれる方法である。系統抽出法では、ランダムに選ばなければならない数（番号）は一個のみである。この番号の個体をまず抽出し、あとは一定の間隔で抽出を機械的に繰り返していく。そこで、等間隔抽出法（equal-interval sampling）ともよばれる。

この方法は、単純無作為抽出法に比べて作業が簡単で、しかも、抽出の間隔をうまく決めておけば、標本が標本抽出台帳の個体リスト上に満遍なくバラまかれる形になるので、一般に精度が高くなるといわれている。とりわけ、リストの並びかたに、たとえば収入の多い方から少ない方へというような、有意味な序列がある場合にはそのことがいえる。ただし、逆にリストの並び方に一定の周期がある場合、抽出間隔と周期の大きさが一致したり、一方が他方の整数倍になっていたりすると、たとえば、団地の各階の一番端の世帯ばかりが抽出されるというようなことが起こりかねないので、注意が必要である。

ところで、一般市民を対象とする調査において、標本抽出台帳としてこれまで最もよく用いられてきたのは、選挙人名簿と住民基本台帳であった。しかし最近では、プライバシー保護と悪用防止の観点から、これらの閲覧に制限が加えられつつある。そこで、これらに代わるものとして、住宅地図が用いられることがある。つまり、住宅地図上の一軒をランダムに選び、そこから通りに沿うなどして、何軒おきかの間隔で住宅を抽出していくわけである。これも、一種の系統抽出である。

1・4　多段抽出と層別抽出

系統抽出と組み合わせて用いられる重要な抽出法に、多段抽出法と層別抽出法がある。

多段抽出法

系統抽出法は、母集団が小規模の場合には、非常に有効な方法である。しかし、日本全国民を対象とするような大規模な調査の標本抽出法としては、次のような難点がある。

①母集団の標本抽出台帳（全個体のリスト）を作成ないし入手するのが困難である（「日

本国民名簿」は存在しない）。

②仮に標本が抽出されたとしても、地域的に分散することが多く、調査の労力や費用がかさみ、調査の管理も困難である。たとえば、全国で五、〇〇〇人を標本として抽出するとしたら、岩手県の人口構成比は、全国の約一％であるから、抽出数は約五〇となる。県としては日本で一番広い岩手県内に散在する五〇人を訪ねて面接することを想像してみよう。

これらの欠点を克服するための方法が多段抽出法である。多段抽出法では、個体（個人や世帯など）を直接抽出するのではなく、抽出を何段階かに分け、抽出の単位を次第に小さくしていく（図3－3を参照）。たとえば、まず一定数の市区町村を抽出し、次に抽出された各市区町村から一定数の投票区を抽出し、最後に抽出された各投票区から個体を抽出する（三段抽出）。この方法であれば、標本抽出台帳は全個体分を用意する必要はなく、個体抽出の前の段階で選ばれた抽出単位

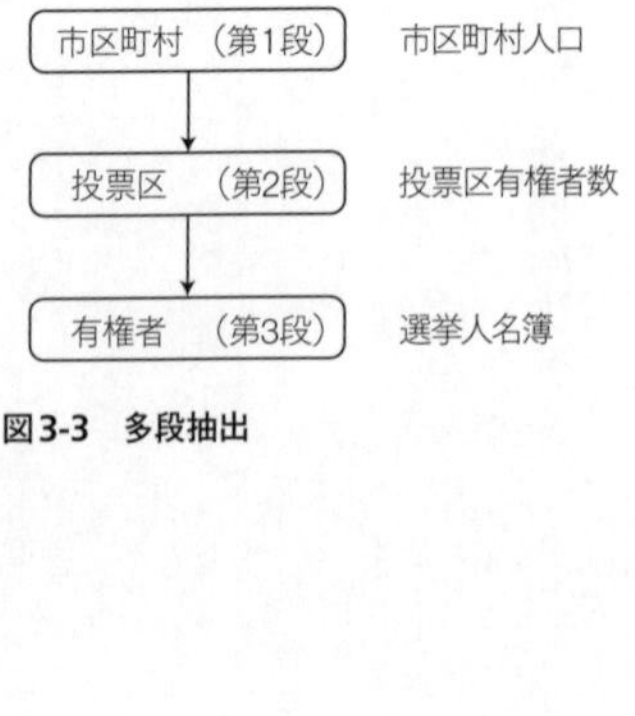

図3-3　多段抽出

（上の三段抽出の例では、抽出された投票区）についてだけ得られればよい。

　それぞれの段階における抽出は系統抽出法で行えばよいが、通常のやりかたでは単純無作為抽出法の代用にはならない。三段抽出の例で考えてみよう。第二段階において、選ばれた各市区町村から投票区を抽出するが、それぞれ同数（たとえば、一投票区）を抽出するものとすれば、総投票区数が市区町村によって異なるから、抽出確率も市区町村によって異なってくる。また、第三段階において、選ばれた投票区から同数の個体（たとえば二〇人の有権者）を抽出するとすれば、ここでも個体の抽出確率は属する投票区によって異なってくる。投票区ごとの有権者数が異なっているからである。そこで、最終段階の前の段階（三段抽出の場合は第二段階）までは等確率ではなく、市区町村や投票区の有権者数など、抽出される単位の大きさに比例した抽出確率になるように系統抽出を行い、最終段階での個体の抽出だけは等確率で系統抽出を行うという方法をとるのが普通である。この方法を確率比例抽出法（probability proportionate sampling）という。

　なお、住宅地図を用いた標本抽出や、第二章で紹介した電話調査のための標本抽出（RDD法）も、個人を対象とする調査であれば、まず世帯を抽出し、次に個人を抽出するのだから、二段抽出の一種である。

層別抽出（層化抽出）法

標本抽出台帳から、個体名（氏名）だけでなく、たとえば居住地、性、年齢などの情報が得られる場合、個体リストを分解して類似の属性をもった個体同士の集団（層）を作り、それぞれから無作為抽出を行えば、特定の地域の住民だけが選ばれてしまうとか、あるいは一方の性や特定の年齢層だけが選ばれてしまうという事態を確実に避けることができる。これを層別（層化）抽出（stratified sampling）とよんでいる。全体の必要標本数の各層への割当てのしかたにはいくつかの方法があるが、各層の大きさ（個体数）に比例した数を割当てる比例配分がよく用いられる。

比例配分の考え方は、割当抽出法とまったく同一である。居住地、性、年齢などは、人びとの生活状態や意識と関連をもっていることが多いから、これらの特性について母集団の「縮図」を作ることは、調査のテーマである事象についても標本が母集団の「縮図」となる可能性を高めることになる。もちろん、当該事象と関連のない特性に関して層別を行うことは無駄であるが、関連の有無は事前にはわからないから、層別が可能な場合には必ず行うのが原則である。また、個人を抽出する場合だけでなく、地域や組織などを抽出する場合にも層別は有効である。

標本抽出の実際

全国規模の調査の標本を選挙人名簿から抽出する場合について説明しよう。まず、多段抽出によって投票区が選ばれる。これが調査地点となる。ここまでの作業は、市区町村や投票区のリストと有権者数がわかればよいから、調査地点におもむく必要はない。

次に、あらかじめ標本抽出を申請し許可を得てから、調査地点の選挙管理委員会を抽出担当者が訪問し、選挙人名簿抄本を閲覧する。担当者にはランダムに選ばれたスタート番号（名簿の何人目から抽出を開始するか）と抽出間隔が指示されているので、それに従って系統抽出を行い、選ばれた有権者の住所・氏名・生年月日・性別を調査対象者名簿に転記する。抽出が予定数に達したところで作業を終了するが、調査不能などの場合に備えて、予備の対象者数名分も抽出しておくのが一般的である。

2　母集団と標本

2・1　四つの統計集団

標本調査における母集団と標本の関係については、実際の調査の過程では、もう少し細かく検討する必要がある。そのことを示したのが図3－4であり、母集団と標本がそれぞれ二分されている。

⑴　目標母集団

われわれがその特徴を明らかにしたい社会や集団である。「○○市民の環境意識」が調査のテーマであれば、○○市の全市民が目標母集団である。

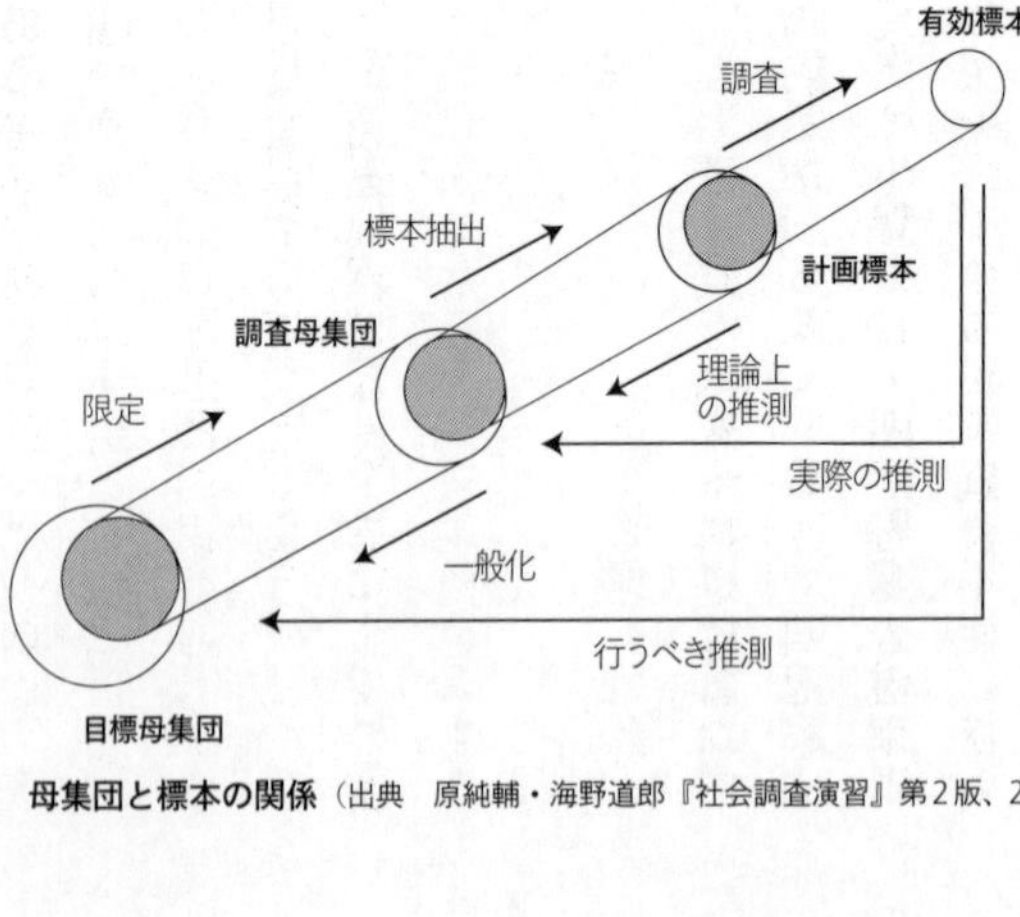

図3-4　母集団と標本の関係（出典　原純輔・海野道郎『社会調査演習』第2版、2004年）

(2) 調査母集団

実際の調査においては、目標母集団から直接標本抽出を行って調査を実施することが困難であったり、不可能であったりすることが少なくない。そのような場合には、標本抽出の対象を目標母集団の一部に限定して行うことが多い。標本調査の対象となる母集団を調査母集団とよぶ。

「○○市民の環境意識」の例では、全市民のうちから標本抽出を行うとすれば、目標母集団と調査母集団は一致している。しかし、費用がかかりすぎる（たとえば調査員の交通費）などの理由から、全市域にわたる調査が困難な場合には、調査母集団をたとえば○○市民のうちの△△区民などに限定することが必要になる。子供や超高齢者を除外することも、合理的な限定といえるだろう。また、「大都市住民の××意識」のようなテーマの場合には、「大都市住民」を一義的に決定できない以上、目標母集団を確定することが不可能である。人口○○万人以上の都市を「大都市」と定義したとしても、あくまでも仮の定義であるし、その都市に含まれる農村地域の住民も「大都市住民」に含めてよいのかという問題も残る。このような場合には、典型的な大都市として「〇〇市の中心地域」を選び、その住民を調査母集団とすることも多い。

(3) 計画標本

調査母集団から抽出された標本である。

(4) 有効標本

計画標本を対象に調査を実施しようとしても、長期不在などで対象者に会えなかったり、調査への協力を拒否されてしまったりすることは少なくない。計画標本のうちで実際に調査を行うことのできた標本を有効標本とよぶ。計画標本の個体数に対する有効標本の個体数の比率を、調査票の「回収率」という。

具体的な例でみてみよう。

SSM調査(一九九五年)が目標母集団として想定したのは、全国の二〇歳以上の有権者約九、六〇〇万人である。そのうち、七〇歳以上の人びとおよび遠隔地の離島などに住む人びとが、あらかじめ対象から除外された。残りの二〇~六九歳の有権者約

八、五〇〇万人が調査母集団である。

次に、区、人口二〇万人以上の市、二〇万人未満の市、郡などに層別された三、三七二の市区町村から三三六が確率比例抽出され、さらにそれぞれから一投票区が無作為抽出された。そして、各投票区から二四人ずつが系統抽出された計八、〇六四人がこの調査の計画標本である（三段抽出）。なお、このうち実際に調査ができた有効標本は五、三五七人、回収率は六六・四％であった。

推測と一般化

ここでは、(3)と(4)の関係、および(1)と(2)の関係がとくに重要である。

第一に、標本統計量から母集団統計量を推測するための統計学理論（推測統計学）とは、計画標本と調査母集団の関係を述べたものである。つまり、回収率が一〇〇％である場合にのみ有効なのである。しかし、実際には計画標本の一部である有効標本から得られた統計量（調査結果）から統計的推測を行わねばならない。これが可能であるためには、回収率が一〇〇％かそれに近い値でなくてはならないが、現実には、はるかに低い回収率しか達成できないことが少なくない。このような有効標本から統計的推測を行うことは、厳密にいえば統計学理論の誤った適用といわざるをえない。

第二に、仮に統計的推測が行われたとしても、そこで明らかになったのはあくまでも調査母集団の状態である。この結果を目標母集団の状態にまで一般化してもよいだろうか。この問題は、目標母集団から調査母集団への限定のしかたにかかっている。かなり恣意的に行われているのが現実であるが、議論（一般化）が説得力をもつためには、割当抽出法で用いられたような居住地別・性別・年齢別の人口構成をはじめとするさまざまな客観的標識を用いて、調査母集団における分布が目標母集団全体の分布と類似しており、代表性をもつことを明示していく必要があるだろう。

政治意識をはじめとする世論調査では、有権者とか二〇歳以上という限定を行うことが多いが、これは妥当なものといえよう。一方、調査方法との関連でいえば、電話調査では固定式電話の所有者（あるいは所有世帯員）を対象とすることが多い。これが調査母集団である。たしかに固定式電話の世帯普及率は一〇〇％に近いと予想されるが、携帯式電話への移行によって固定式電話をもたない世帯も増加しており、目標母集団としての一般市民と調査母集団との乖離が進んでいく可能性が高い。また、インターネットを利用した調査も増加しているが、調査会社などでは、回答者を募集して候補者のプール（名簿）を作り、同一の回答者を避けるために、さまざまな調査の回答者をそこから無作為抽出しているようである。しかし、プール（調査母集団）はインターネットの利用者、回答者を志願する積極的な（？）人という形で限定されているので、一般市民を目標母集団と想定するには無理がある。

なお、調査母集団は典型性や先駆性という観点から選ばれることもある。この場合には、代表性とはまったく別の議論が必要になる（第五章2・3節を参照）。

2・2　無作為抽出の原理

次に、(2)と(3)との関係について考えてみる。1・3節で基本的な標本抽出法であると述べた無作為抽出法を採用すると、どのような標本が得られるのだろうか。「科学的」とされている方法だからといっても、必ずしも母集団の縮図が得られないことは、少し考えてみればわかる。たとえば、今一〇、〇〇〇人からなる母集団があり、ある政党の支持率（母集団統計量）が六〇％であったとする。つまり、支持者六、〇〇〇人、非支持者四、〇〇〇人ということになる。この母集団から、標本として一、〇〇〇人を抽出するとき、具合よく支持者六〇〇人、非支持者四〇〇人、あるいはそれに近い数が選ばれるとは限らない。場合によっては、支持率（標本統計量）が0％（全員が非支持者）という可能性さえある。

この点については、右で調査母集団と目標母集団との関係について述べた方法でチェックするのが一般的である。つまり、得られた標本について居住地別・性別・年齢別などの集計を行って、国勢調査などで知られているこれらの構成と比較する。両者が類似したものであれば、他の調査項目についても妥当な標本となっている可能性が高いと判断できる。

サンプリング分布

ところで、支持率0％というような、とんでもない標本の得られる可能性はどの程度のものだろうか。一般的にいえば、どのような標本統計量がどの

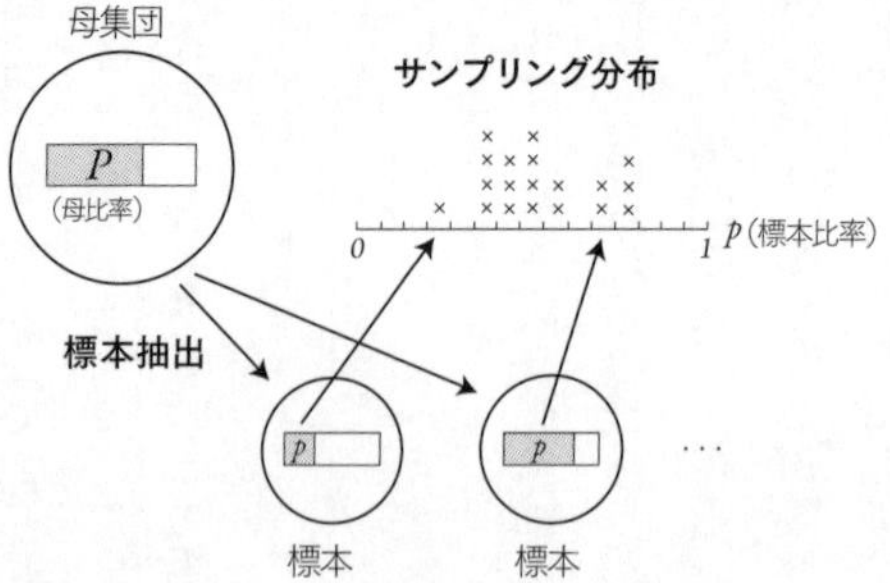

図3-5　サンプリング分布の原理

程度の確率で得られるかが問題になる。ある母集団統計量をもつ母集団から得られる標本統計量の出現確率の分布を、サンプリング分布（sampling distribution）とよぶ。サンプリング分布は「標本分布」とよばれることが多いが、母集団と比較した場合の、標本内における個体値の分布と紛らわしく、初学者を混乱させることが少なくないので、本書では「サンプリング分布」とよぶことにする。

図３－５には、サンプリング分布の求めかたの原理が示されている。前節において、「確率」を「理想的条件下での無限回試行によって得ることが期待される相対頻度」と定義した。ここでもその考えかたに従う。

図では、個体数Nの母集団における比率P（母集団統計量）が問題になっている。この母集団から個体数nの標本を抽出し比率p（標本統計量）を求める。Pおよびpは帯グラフで示されている。次に、pをサンプリング分布のグラフに記録する。このグラフでは、0から1の間が適当な間隔で区切られている。求めたpが含まれる位置に×印をつける。この作業を無限回繰り返したときの頻度（×印の個数）の相対分布がサンプリング分布である。

サンプリング分布の特徴

このことを、もう少し具体的な例で示してみよう。

いま、黒玉と白玉合計六個の入っている革袋があるものとする。これが母集団である。ここから四個を無作為抽出して黒玉の比率（標本比率＝標本統計量）を調べ、革袋中の黒玉の比率（母比率＝母集団統計量）を推測したい。実は、革袋には黒玉三個、白玉三個が入っている（P＝〇・五）。

この場合のサンプリング分布を知るためには、無限回の

(a)玉の組み合わせと標本比率

組み合わせ	標本比率
🅐🅑🅒Ⓓ	0.75
🅐🅑🅒Ⓔ	0.75
🅐🅑🅒Ⓕ	0.75
🅐🅑ⒹⒺ	0.50
🅐🅑ⒹⒻ	0.50
🅐🅑ⒺⒻ	0.50
🅐🅒ⒹⒺ	0.50
🅐🅒ⒹⒻ	0.50
🅐🅒ⒺⒻ	0.50
🅐ⒹⒺⒻ	0.25
🅑🅒ⒹⒺ	0.50
🅑🅒ⒹⒻ	0.50
🅑🅒ⒺⒻ	0.50
🅑ⒹⒺⒻ	0.25
🅒ⒹⒺⒻ	0.25

(b)標本比率の出現確率

標本比率	組み合わせ数	出現確率
0.75	3	0.2
0.50	9	0.6
0.25	3	0.2
合　計	15	1.0

表3-1　標本抽出と標本統計量

試行を行う必要はない。なぜならば、六個の玉にA~Fという名前をつけて可能な組み合わせを検討してみると、表3-1(a)に示した一五通りしか存在しないからである。四個の玉を無作為抽出するということは、一五通りのうちのいずれか一つの組み合わせが選ばれることを意味している。各玉の抽出確率が等しいのだから、それぞれ四個の玉からなる各組み合わせの選ばれる確率も等しく、それぞれ一五分の一である。

得られる標本比率は、〇・二五、〇・五〇、〇・七五の三種類のみである。それぞれの値が得られる確率は、標本比率に対応した組み合わせ数に比例すると考えられる。表3-1(b)に整理したように、標本比率が〇・五となる組み合わせは九通りで最も多く、得られる確率(出現確率)は〇・六(九/一五)である。〇・二五および〇・七五の確率はそれぞれ〇・二(三/一五)である。出現確率が最大の〇・五という標本比率は、推測すべき母比率Pと一致している。これが、この場合のサンプリング分布である。

このように無作為抽出では、母集団統計量に一致する(あるいはその近傍の値の)標本統計量の得られる確率が最大となる。いいかえれば、無作為抽出法によって必ず母集団の「縮図」が作られるというわけではないが、作られる可能性が最大となるのである。

2・3　サンプリング分布の性質と統計的推測

サンプリング分布曲線

図3-6(a)の柱状図は、図3-5の手順によって得られたサンプリング分布の例である。たとえば陰影をつけた柱の面積は、標本統計量xの値がx_1〜x_2である（$x_1 \leqq x \leqq x_2$）確率を示している。したがって、柱の面積の総和は出現確率の総和であり、1となる。図では、各柱の頂点が折れ線で結ばれているが、値の幅をどうとるかによって、柱の数と面積および折れ線の形状は変わってくる。値の幅を限りなく0に近づけると、折れ線は図3-6(b)のようななめらかな曲線（サンプリング分布曲線）になる。ここで曲線は極小幅における柱の高さを示しているが、柱の面積（出現確率）とほぼ等しく、確率密度とよばれる。

先に、サンプリング分布を「標本分布」とよぶと、標本内における個体値の分布と紛らわしいと述べたが、実例をあげておこう。

図4-2（一三六頁）は、標本における世帯収入の分布を示した柱状図である。各柱の頂点を結んだ折れ線グラフはサンプリング分布曲線に似ている。

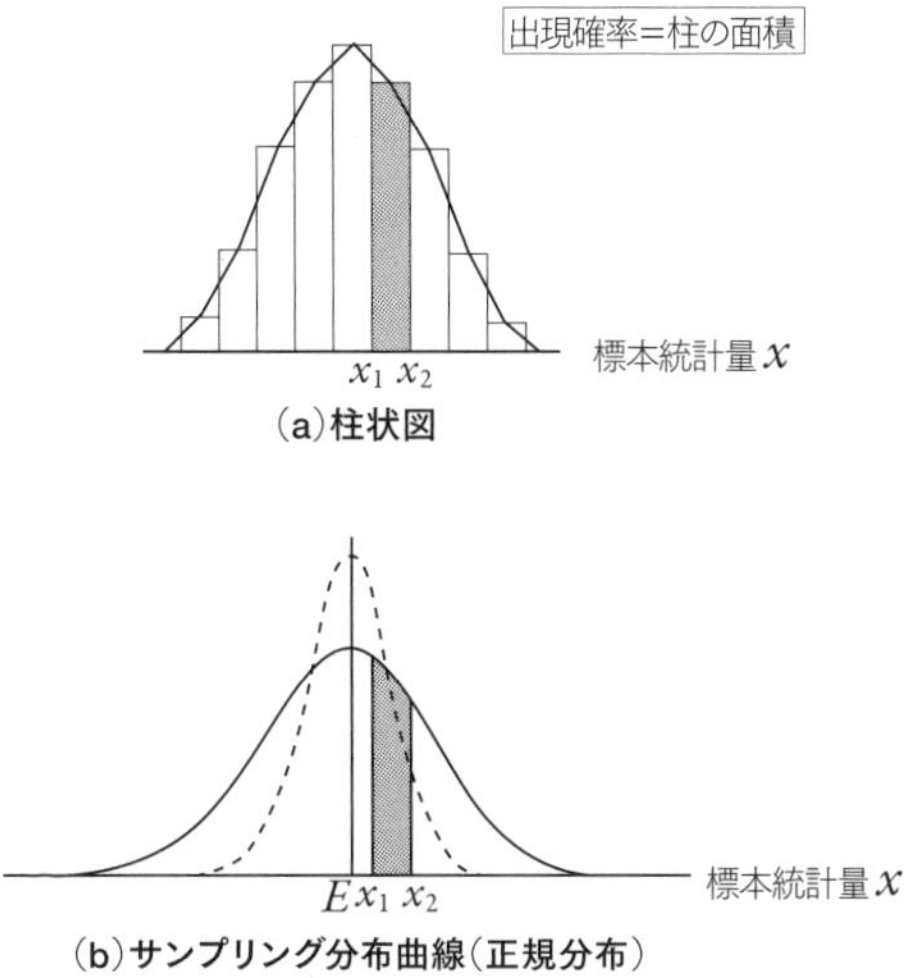

図3-6　サンプリング分布

いま、サンプリング分布曲線は母集団における世帯収入の平均を推測するためのものであるとしよう。グラフの横軸は両者とも金額がとられるけれども、世帯収入分布の場合には標本を構成する個体の値（収入額）を意味しているのに対して、サンプリング分布の場合は標本の平均収入、つまり統計量である。また縦軸は、世帯収入分布の場合は個体数であるのに対して、サンプリング分布の場合は、平均収入額の出現確率である。そして、世帯収入分布の平均値がサンプリング分布の横軸のいずれか一点に位置づけられる、という関係にある。

正規分布の性質

実際のサンプリング分布は、標本抽出の手順、標本統計量の種類、標本規模などによって異なり、それらは二項分布、F分布、t分布、χ^2分布（カイ二乗分布）などの名称がつけられている。しかし、標本規模が大きくなるにしたがって、どのサンプリング分布も正規分布（normal distribution）とよばれる理論的分布に近似していくことが知られている。

この正規分布の統計学的性質と、それを用いた母集団統計量の推測（統計的推測）については、専門書をみてほしい。ここでは、図3-6(b)にかかわる性質についてだけ述べておくことにしよう。

(1) 分布の平均値（これを期待値Eとよぶ）は、母集団統計量に一致する。また、Eを中心として左右対称で、鈴（ベル）のような形状をしている。つまり、母集団統計量に一致する（あるいはその近傍の値の）標本統計量の出現確率は高く、母集団統計量から離れた標本統計量の出現確率は低い。

（2）図3－6(b)には、二本の正規分布曲線が示されている。二つの分布の違いは、出現確率の散らばりかた（分散）である。破線の方が散らばりが少なく、Eの近傍での標本統計量の出現確率が高くなっている。つまり、調査の際の唯一回の標本抽出から得られる標本統計量が、母集団統計量に近い値である確率がより高い、したがって望ましい分布である。そして、この出現確率の分散を決めるのは標本規模であり、大きくなるほど（個体数が多くなるほど）分散が小さくなるという性質をもっている。

以上の性質の前提となるのは、その標本が無作為抽出されたものだということである。むやみに個体数（調査対象者数）を増やしても意味がないことは、いうまでもない。

統計的推定

最後に、正規分布の性質を用いた統計的推測の典型的な例を示しておこう。

図3－7は、日本とイギリスにおけるホワイトカラーおよびブルーカラー労働者に対する調査から、自分が「労働者階級」に属していると考えている者の比率を比較したものである。

統計理論によれば、日本のホワイトカラーの場合、標本比率プラスマイナス〇・〇三五（三・五％）つまり六四・二〜七一・二％の範囲をとると、そこに母集団における比率（母比率）が含まれている確率は〇・九〇（九〇％）以上、いいかえればほぼ確実であるといえる。同様に、

英・ホワイトカラー

〇・〇五二　四四・八〜五五・二％

日・ブルーカラー

〇・〇二六　七五・四〜八〇・六％

英・ブルーカラー

〇・〇二九　七二・二〜七八・〇％

となる。このタイプの推測を統計的推定という。

なお、サンプリング分布の分散との関係でいえば、標本規模が大きくなるほど、母比率が推測の

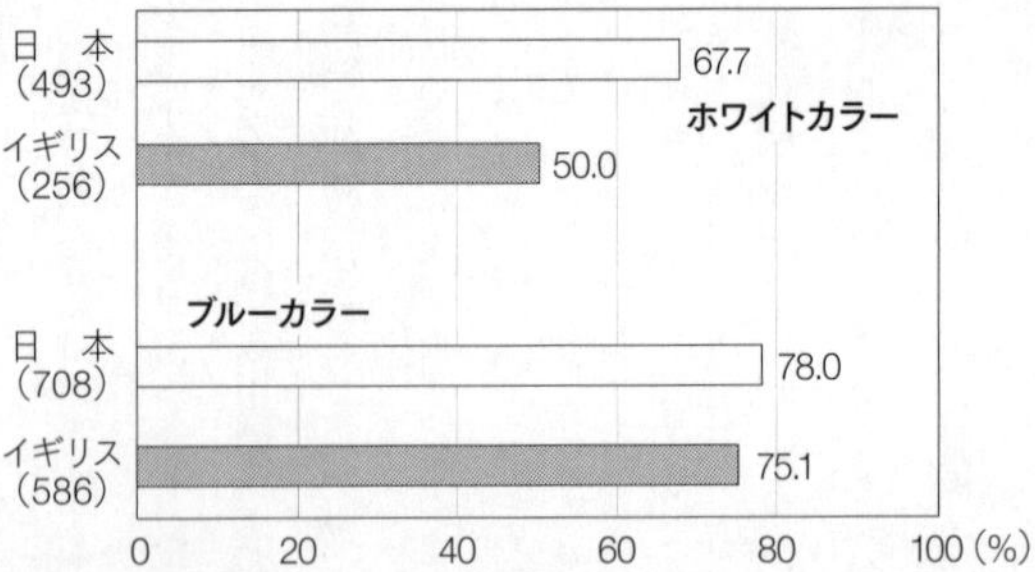

（注）調査年は日本は1985年、イギリスは1984年。なお国名の下のカッコ内は人数。

図3-7　「労働者階級」意識の国際比較

（資料　原純輔・盛山和夫『社会階層』1999年より）

幅の範囲に含まれている確率は高くなる。また、確率を変えないとすれば、より狭い幅を推測することが可能になる。

統計的検定

社会調査では、母集団統計量そのものよりも、統計量の大小関係などを問題にすることが多い。両国間の比率の差に着目すると、ホワイトカラーでは一八％近い差があり、母集団においても差があると問題なくいえそうである。このことは、統計的推定でも範囲の重なりがなく（四四・八〜五五・二％と六四・二〜七一・二％）、明らかである。しかし、ブルーカラーでは差は約三％であり、母集団においても差があるといえるかどうか微妙である。

統計的推測では、「仮に母集団では比率の差が存在しないとしたら、標本（調査結果）のような、あるいはそれ以上の比率の差が得られる確率はどの程度か」を問題にする。統計理論によれば、その確率はホワイトカラーでは〇・〇一（一％）にも達しないのに対して、ブルーカラーでは約〇・四五（四五％）である。このことから、「ホワイトカラーに関しては、相当程度の確からしさで日本の比率が高いといえるのに対して、ブルーカラーに関しては、両国で差があるということはできない」という結論が導かれる。このタイプの推測を統計的検定という。

サンプリング分布の分散との関係でいえば、たとえばホワイトカラーの場合、「仮に母集団では比率の差が存在しない」にもかかわらず一八%以上という標本比率の差が得られる確率は、標本規模が大きくなるほど低くなる。また、もっと小さな標本比率の差であっても、同程度の確率での推測が可能となる。つまり、「ホワイトカラーに関しては日本の比率が高い」と、より確実にいいきることができるようになる。

ここまでの議論は、みかたを変えるならば、統計的推定であれ統計的検定であれ、われわれは、標本に対する調査結果（標本統計量）が母集団の状態（母集団統計量）に近いものだと主張したいのである。その主張の確からしさの程度を、統計学理論を用いて推測するのであるが、①無作為抽出された標本であること、②必要最小限の規模（個体数。理論的に計算することができる）以上の標本であること、がその前提となる。

◉第四章

集計・分析・報告

社会調査のプロセスでいえば最終段階にあたる集計・分析作業は、単純化すれば、①回答の分布の特徴を明らかにすること、②その特徴が生じた理由を探求すること、の二つに大別される。前に述べたように、調査の目的によっては②が含まれないこともある。また、学術調査の中には、①は既知であることを前提にして、②のみを目的にしているものもある。

統計調査の場合、①は集計表やグラフの作成、さまざまな統計量の計算によって行われる。第1節（分布の特徴）ではこれらについて扱うが、とくに基礎的な統計量である平均値、比率、相関係数について、その意味を説明する。第2節（理由の探求）は②にかかわるが、実験とは異なる社会調査では、相関関係の検討を通して行うしかない。「比率の差」を相関関係の指標とみなして、相関分析の考え方について説明する。

なお、以上の統計分析はいわゆる記述統計であるが、母集団においても同じようにいえるかどうか、第三章でとりあげた推測統計で確かめながら進められねばならない。第3節（調査結果の報告）では、学術調査などにおける、テーマである事象についての、①②を踏まえたストーリー提示ということの重要性について述べると共に、結果の公表、データの公開のありかたについて考える。

1　分布の特徴

1・1　集計表とグラフの作成

電子ファイルの準備

集計・分析を行うためには、調査結果の受け取り手にはみえない（1）点検（エディティング）、（2）コーディング（第二章1・4節参照）、（3）電子ファイルの作成、などの作業が先立って必要である。

（1）点検では、回答者や調査員のさまざまなミスを発見して修正する。回答漏れなどについては、調査員に再調査が指示されることもある。調査票上でだけではなく、電子ファイルを作成した後でも、さまざまな集計（表4－1参照）を行いながらミスの発見に努める。これをデータ・クリーニングという。たとえば、選択肢にはない回答（コード、数字）がしばしば現れる。これは、コーディング時か電子ファイル作成時の入力ミスである。また、「三〇代」の回答者の学歴が「旧制高校卒」であるというような、ありえない回答の組合せが発見されることも多い。こちらは、回答者か調査員のミスだろう。

ただし、常識では考えられないような回答を、直ちに誤りと決めつけてしまうことは避けなければならない。とりわけ意識項目の場合にはそうである。たとえば、第二章で述べたように、「支持政党」を一つ選んでもらうのではなく、個々の政党を「支持する」かどうかを尋ねると、人びとの「支持政党」は必ずしも一つとは限らないことがわかる。そして、複数の支持政党の組み合わせの中には、たとえば最右翼の政党と最左翼の政党というような、常識では考えられないようなものも存在するのである。このように、矛盾した回答（意識）の組み合わせの発見とその理由の追究も、調査の重要な目的である。

（3）電子ファイルは、コーディングされたデータをコンピュータに入力して作成される。電子ファイルのイメージは、パソコンの表計算ソフト（たとえばエクセルなど）の画面を思い浮かべるのがよいだろう。各行が回答者、各列が変数であり、その組み合せである各セルには回答のコードが記入されている（図4－1参照）。

電子ファイルを用いた集計や分析には、かつては大型のコンピュータが必要とされた。今日では、パソコン自体の能力向上と、優秀で安価なソフトウェアの開発によって、誰でも手軽に行うことができるようになっている。ソフトウェアとしては、SPSS、SASなどの名前がよく知られている。なお、簡単な集計や分析であれば、パソコンの表計算ソフトだけでも行うことができる。

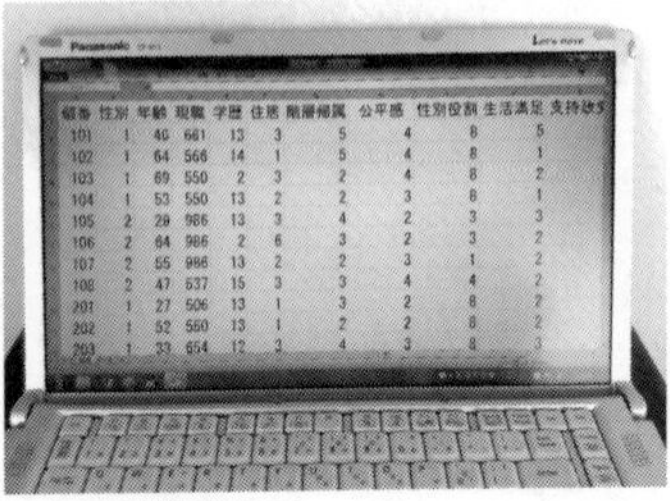

図4-1　表計算ソフト

集計表とグラフ

集計作業の基本は表4－1のような集計表の作成である。

第二章で述べたように、この表は、性別役割に関する三〇代、四〇代既婚女性の意識（「男性は外で働き、女性は家庭を守るべきである」という意見に対する意識）の分布を示したものである。(a)は一変数（性別役割意識）の分布で、単純集計表という。(b)は回答者の就業形態によって回答の分布がどう異なるかを示したもので、二変数クロス集計表という。これは質的変数に関する分布を示したものであるが、量的変数たとえば収入の場合であれば、「〇〇万円〜××万円」というように、適当な額で区切ったものを示すことになるだろう。

　表の各カテゴリーの数字は、コーディングで回答に付されたコードである。また、表では度数（人数）ではなく比率が示されているが、これは、調査の目的が母集団における分布を知ることであり、標本の度数

(a)単純集計表

（%）

1 そう思う	2 どちらかといえばそう思う	3 どちらかといえばそう思わない	4 そう思わない	9 わからない	合計（実数）
8.6	24.9	26.4	39.3	0.8	100.0(1160)

(b) 2変数クロス集計表

（%）

性別役割 ＼ 就業形態	1 そう思う	2 どちらかといえばそう思う	3 どちらかといえばそう思わない	4 そう思わない	9 わからない	合計（実数）
1.雇用者	5.1	13.9	26.3	54.7	−	100.0(274)
2.パート・自営	7.3	25.7	29.0	37.5	0.4	100.0(451)
3.専業主婦	12.2	31.0	23.7	31.5	1.6	100.0(435)
合　計	8.6	24.9	26.4	39.3	0.8	100.0(1160)

（注）「男性は外で働き、女性は家庭を守るべきだ」という意見に対する意識。

表4-1　女性の性別役割意識（データ　SSM調査1995年、30-49歳の既婚女性）

それ自体には意味がないからである。ただし、統計的推測（第三章参照）を行うためには標本の度数が必要になる。これは、合計欄に示された度数に各比率をかければ得られる。また、国勢調査のように全数調査で、人数そのものが問題になる場合には、度数を明記することが必要である。

なお、クロス集計表においては、どちらの方向に比率を求めるかということが、しばしば問題になる。これは、二つの項目のうちで、どちらがもともとの記述項目（被説明項目）であるかによって決まる。クロス集計表は、記述項目（被説明項目）に関する単純集計表

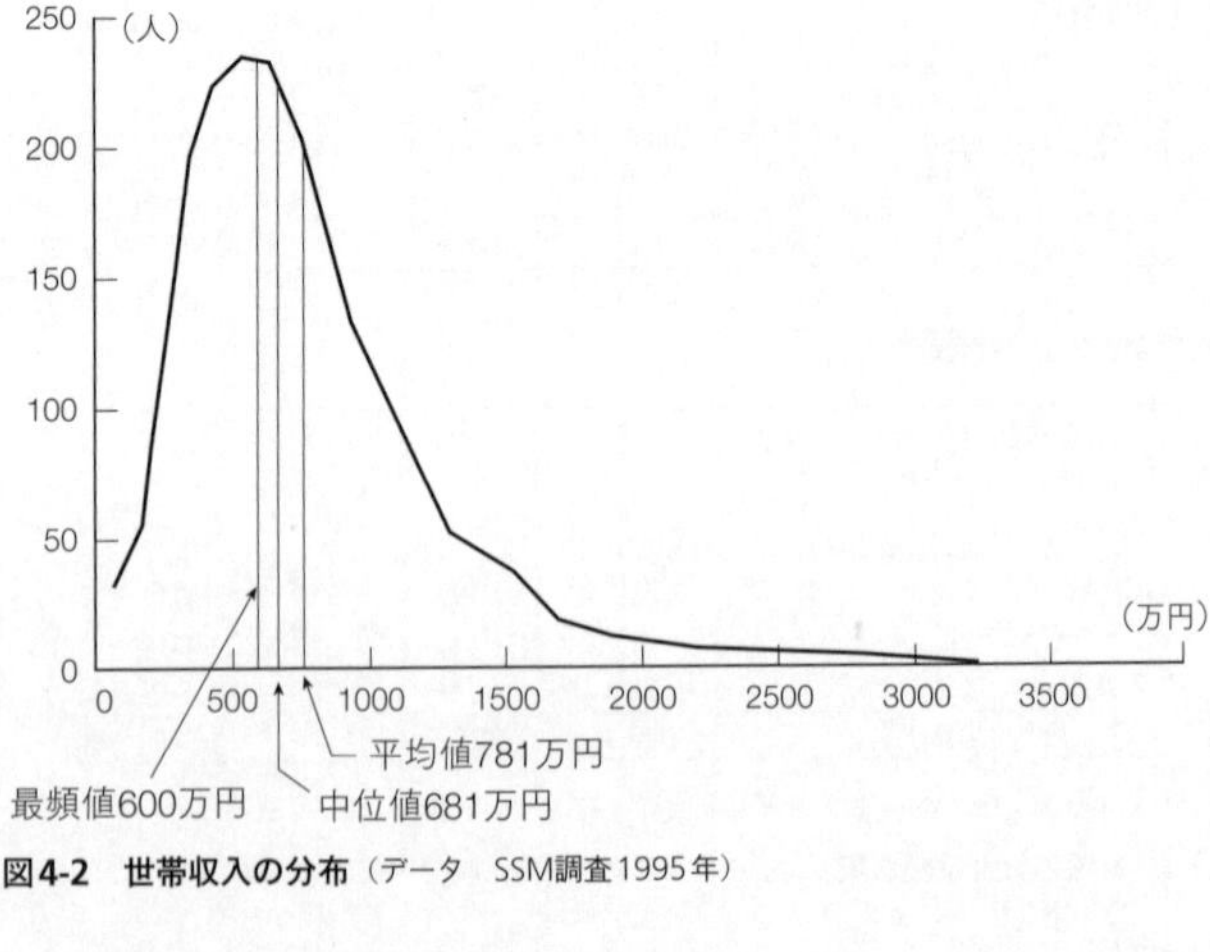

図4-2　世帯収入の分布（データ　SSM調査1995年）

を、いくつかのカテゴリーで分割したものであり、その結果、分布がどう変わってくるかをみようとするものである。だから、記述項目（被説明項目）の分布を示すように比率が求められねばならない。表４－１の場合、記述項目は性別役割意識であることは明らかであり、就業形態別に比率を求めるのが正しい。説明を目的としたクロス集計表であれば、説明項目のカテゴリー別に比率を求める。また、統計的検定の結果や相関係数なども示されていれば、特徴について理解する助けになる。

　分布の特徴をわかりやすく示すために、各所に示したようなさまざまなグ

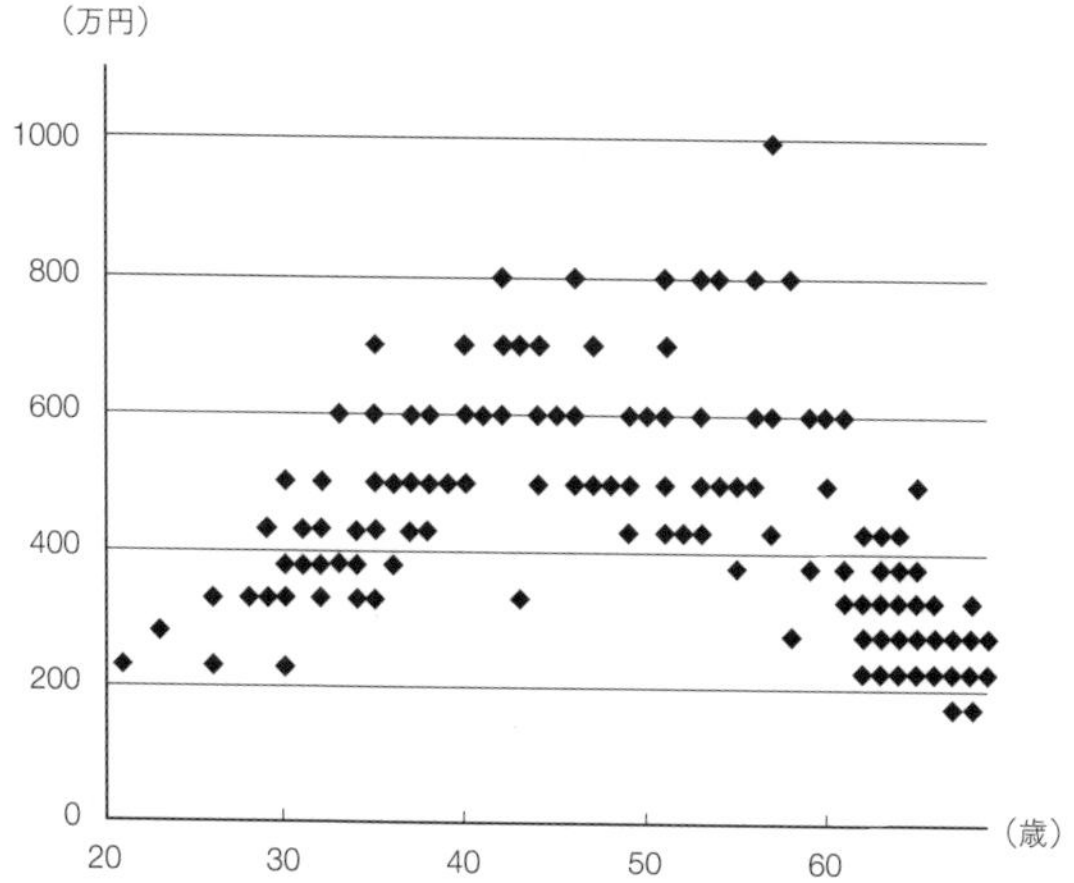

図4-3　年齢と個人年収（データ　SSM調査1995年、20-69歳の男性）

ラフが描かれる。図２‐２（五五頁）は、この表(b)の１と２を肯定的意識、３と４を否定的意識としてまとめて、帯グラフで示したものである。

また、図４‐２は世帯収入の分布を示した柱状図である。量的変数の場合、図４‐３のような散布図を描くこともある。これは、質的変数の場合の二変数クロス集計表にあたり、各個体の位置が、年齢と収入額によって点で示される。

このようなグラフを描くことによって、分析のヒントが与えられることも少なくない。たとえば、図４‐４(a)の柱状図には二つの峰が存在するが、

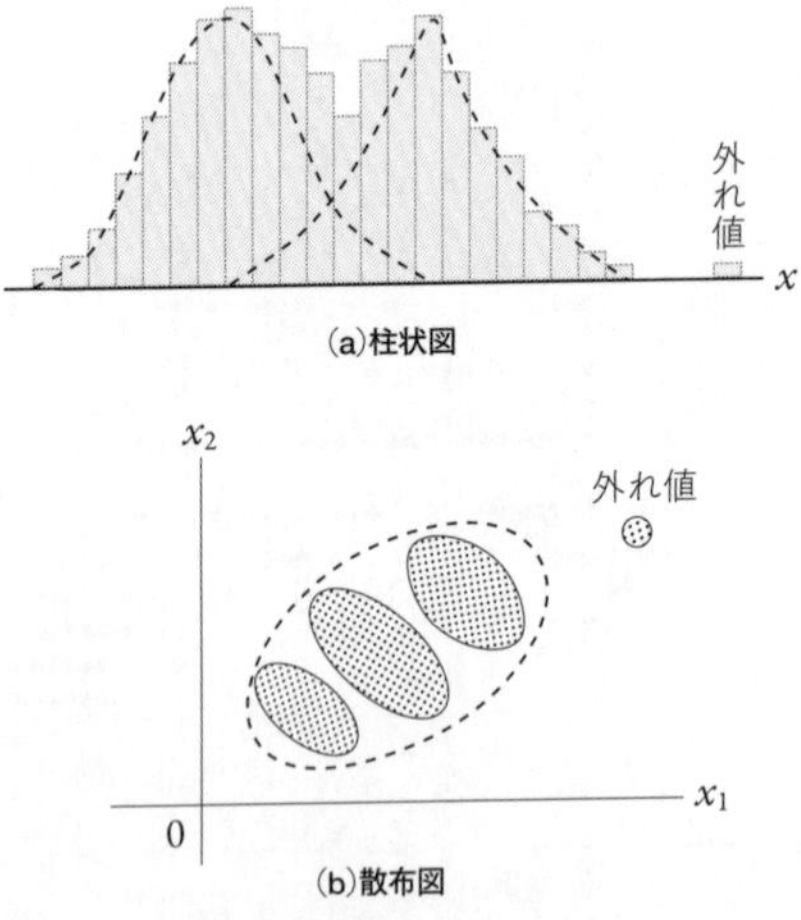

図4-4　異なる統計集団が混在する可能性

破線で示したように、別個に扱うべき統計集団のデータが混在している可能性がある(たとえば、男性と女性の収入分布)。

(b)のデータは、破線で囲んだ一個の統計集団とみれば、変数 x の値が大きくなれば変数 y の値も大きくなるという正の相関関係(1・2節参照)が認められるが、実線で囲んだ複数の統計集団の混在ともみることもできる(たとえば、経済発展の度合いが大きく異なる国家群)。そのどちらを採用するかによって、二つの変数間の関係はまったく逆になる。また、右上のグループは外れ値の可能性がある。外れ値とは、他のデータとは極端に離れた例外的な値で、個体数もごく少数である。外れ値を分析の対象に含めるか含めないかで、分析の結果が大きく異なることがあるので、分析者はそのことを決定する必要がある。

1・2　さまざまな統計量

集計表やグラフは、データの概要を知るのには適していても、そのデータの特徴を端的に示すのには必ずしも適していない。データの特徴を把握するためには、数値(統計量)によって示すことが望ましい。

集団（統計集団）の特徴を示すための統計量には、どういう側面に着目するかによってさまざまの種類がある。専門書をみてほしいが、以下では、その種別と量的変数に関してよく用いられる統計量名を紹介し、とくに重要な平均値と積率相関係数について、やや詳しく説明する。

（1）代表値
一つの値で集団の特徴を示そうとするときに用いられる統計量。
平均値、中位値、最頻値。

（2）散らばりの統計量
代表値が同一であっても、それぞれの個体のもつ値が代表値の近くに集まっている（代表値に近い値が多い）場合もあれば、まったくバラバラな場合もある。各個体値の代表値からの平均的な離れかたを示す統計量。

分散、標準偏差。

（3）関連の統計量

個体がもつ二変数の値間の関係とその強さを示す統計量。積率相関係数、偏相関係数、回帰係数。

平均値（算術平均 mean）

量的変数に関する最も重要な統計量であり、分布のいわば重心である。値の総量をならしたときの一個体あたりの値を示している。いま、n個の個体からなる集団において、変数x（たとえば世帯収入）に関して、各個体がx_1、…、x_nという値（収入額）をもつものとすれば、

平均値　$\bar{x}=(x_1+x_2+\cdots+x_n)/n$

によって求められる。

なお、平均値が算術平均とよばれるのは、幾何平均、調和平均など、異なる平均値の定義も存在することによる。

ところで、平均値は最もよく用いられ、よく知られている代表値ではあるが、あらゆる場合に最適とはいえない。社会調査においてよく知られている例は、収入の代表値である。図4-2をみてほしい。正規分布（図3-6）のように左右対称ではなく、峰が0の方に歪んでいるのが収入分布の特徴である。

数字を聞いただけではわからないが、分布図の中においてみると、多くの人は平均値が高すぎると感じるだろう。そこで中位値（median）や最頻値（mode）などの別の統計量を用いることがある。中位値とは、値の大きさによって個体を順番にならべたときのちょうど中位の個体の値をいう。また、最頻値というのは、最も多くの個体がもつ値のことをいう。図にはこれらの値も示してあるが、収入に関しては、常に平均値＞中位値＞最頻値の順になるから、統計数字をみるときには、このことに留意するのがよい。

そのこととも関連するが、中位値や最頻値は外れ値の影響を受けない。それは、標本中の上位の一人が、けたはずれの金持ちと入れ替わった場合を想像すればよい。平均値は大きく異なってしまう。しかし、ある人が中位であるという事実は、それ（上位の入れ替わり）によって影響を受けるわけではないから中位値は変わらない。また最頻値も変化しない。

しかし、このように優れた性質をもっているにもかかわらず、ごく特殊な場合を除けば、用いられることは少ない。それは、これらはまったく独立の統計量であって、他の統計量と関連をもっていないからである。これに対して平均値は、散らばりや関連の統計量と一定の関係をもっている。

積率相関係数

最も重要な関連の統計量である。ただし、一口に「関連」といっても、そのパターンは多種多様である。積率相関係数はそのすべてに対応しているわけではない。

図4-5は、データの分布と積率相関係数 r との関係を示す概念図(散布図)である。個体群は、交差する平均値によって四つの部分に分けられる。このうち(a)ではIとⅢに多く分布している。つまり、一方の変数の値が大きいと他方の変数の値も大きくなるという傾向がある(正の相関)。(b)はその逆で、他方の変数の値は小さくなる(負の相関)。(c)では、個体は四つの部分にほぼ均等に分布していて、特定の傾向は認められない(無相関)。このとき r は0をとる。(d)および(e)では、個体がほぼ一直線上に存在している。

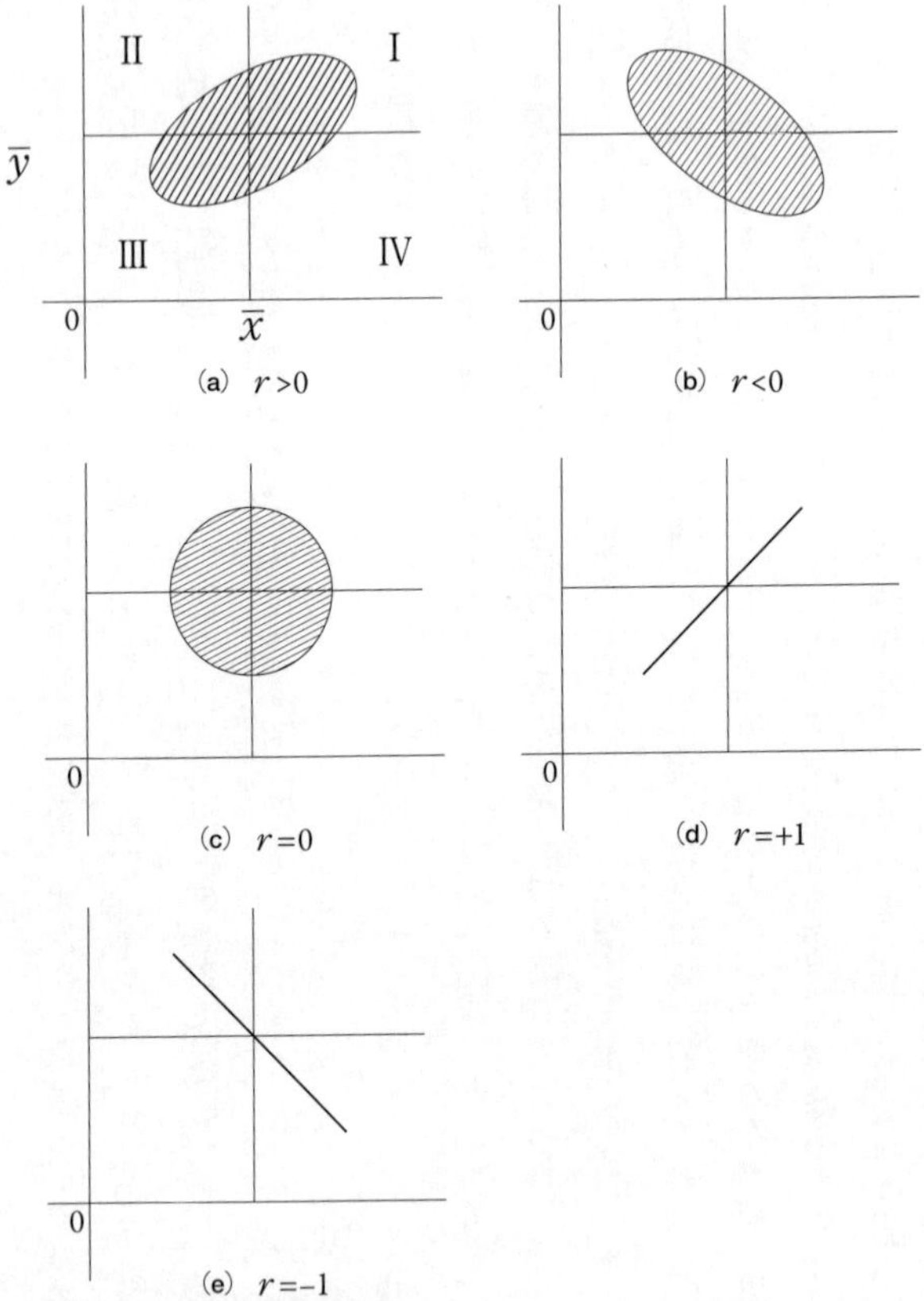

図4-5　データの分布と積率相関係数

このときrは最大値1または最小値マイナス1をとる。これは、一方の変数の値が決まると、他方の変数の値も一義的に定まるという関係である。これを線形関係という。

これらのことからわかるように、積率相関係数の値は線形関係への近接の度合いを示しているのであり、それ以外の関係のパターンの強さを示すことはできない。

たとえば、前出の図4-3は、年齢と個人年収との関係を示したものである。ただし、各点は個人ではなく、六人以上の人が存在することを示しており、それ未満の場合（少数しかいない年齢と年収の組合せ）は除外してある。人びとの年齢と収入には逆U字型の明瞭な関係が存在するが、このような場合の関係の強さは、積率相関係数では的確に把握することができないのである。実際、積率相関係数を求めてみると、マイナス〇・一七二という奇妙な低い値になる。

1・3　比率と比率の差

量的変数の場合とは異なって、質的変数に関しては、共通に用いられる統計量は存在しない。さまざまな統計量が提案されているが、それらのうちでは、素朴ではあるがよく用いられるのは、比率にかかわらせたものである。統計集団の規模（個体数）を

n、そのうちで着目する特性をもつ者の数をn'とすれば、

比率　$p=n'/n$

である。

まず、比率は質的変数における代表値ということができる。事実、比率は量的変数の代表値である平均値と一定の関係をもっている。いま、その特性をもつ場合に1、もたない場合には0という値を与える仮の量的変数（ダミー変数）、たとえば賛成1、反対（賛成でない）0という変数を作って、平均値を求めてみると、

$$\bar{x}=(1+0+\cdots+1)/n$$

右辺のカッコの中には1あるいは0がならび、その総和（つまり1の個数）はn'となるから、

$$\bar{x} = n'/n = p$$

であり、比率に一致する。

たとえば、表4－1の例を図2－2と同じようにまとめて肯定的意識に着目すれば、その比率は、標本全体では〇・三三五（三三・五％）である。

比率の差と変数間の関連

次に、図2－2に示された就業形態別に肯定率をみると、雇用者〇・一九〇、パート・自営〇・三三〇、専業主婦〇・四三二となる（図4－8も参照）。それぞれの間には、雇用者とパート・自営で一四％、パート・自営と専業主婦で一〇・二％の明らかな差があるが、この比率の差を就業形態と性別役割意識の間の関連の存在と、その強さを示すものとみることができる。

仮に関連がないとすれば、各就業形態での比率は同一、あるいはそれに近い値となるだろう。逆に最大の関連状態については、変数のカテゴリー数が多くなると、一義的に定義することは難しい。

ただし、双方のカテゴリー数が共に2の集計表（これを2×2表とよぶ）の場合には定義が可能である。たとえば、就業形態を有業者（雇用者とパート・自営）と専業主婦、性別役割意識を肯定的と否定的の2カテゴリーずつにまとめたとすれば、肯定的意識の比率が有業者で一・〇（一〇〇%）、専業主婦で〇・〇（〇%）、あるいはその逆となるときが最大の関連状態である。このときの比率の差はプラスまたはマイナス一・〇（一〇〇%）である。

この定義は、量的変数の場合の積率相関係数と一定の関係をもっているが、ここでは省略する。また、質的変数については多種多様な関連の統計量（属性相関係数と総称される）が提案されている。ともに専門書をみてほしい。

1・4　分布の特徴を読みとる

さまざまな集計表やグラフ、あるいは統計量を得た上で、分布の特徴をどのように読みとったのかを、分析者（報告者）は言葉の形で示さなければならない。

単純な例でいえば、表4-1では性別役割分業に肯定的な回答をした者の比率は三三・五%であった。この数字を「多い」と判断する者もいれば「少ない」と判断する者もいるだろう。分析者自身はどう判断するのか、そして、それはなぜなのか（何を判断の基準としたからか）をきちんと述べる必要がある。これはごく単純な例であるが、一つの表からでも得られる情報は少なくないし、新たに追究すべき問題も生まれてくる。重要なことは、図表や数値を示すだけで、特徴を読みとる作業を報告の受け取り手にまかせるのではなく、分析者自身が行わなければならないということである。

その際、ニュアンスを重視するあまり微小な差異にこだわることは、意味がない。しかし、データにおける微小な差異が不確実なものであることは、第三章で説明した標本抽出と統計的推測の知識をもった者には明らかである。むしろ、「粗くても筋を外さない」という分析態度こそが、社会調査では求められよう。

2　理由の探求——相関関係の分析——

2・1　相関分析の目的

社会調査結果のうちでも、相関関係の分析（相関分析）はとくに重要であるが、二つの目的で用いられる。

（1）予測（推計）

たとえば、図4-5(d)や(e)のような線形に近い関係が確認できれば、一方の変数（予測変数）の値から他方の変数（被予測変数）の値を、かなり確実に予測することができる。なお、予測変数は一個とはかぎらない。量的変数に関する多変量解析法とよばれるさまざまな分析法は、複数の変数を用いて予測を行うものである。

たとえば、次の方程式（重回帰方程式）は、それらのうちでも最も基本的方法である重回帰分析法によって得られたものであり、飲食費年間支出 y、年間所得 x_1、家族員数 x_2 の関係を示したものである。予測変数 x に付された係数（偏回帰係数）は、被予測変数 yとの関係の大きさを示し、調査データから求められる。

$$y = 152.79 + 0.1015x_1 + 90.84x_2$$

これは、他の条件が同じであれば、所得 x_1 が一万円増えると飲食費支出 yが平均一〇一五円（一万×〇・一〇一五）増加すること、家族員数 x_2 が一人増えると飲食費支出 yが平均九〇万八、四〇〇円増加することを意味している。また、x_1 および x_2 に数値を代入して計算すれば、その世帯の飲食費支出 y を推定することができる。
この例では予測変数は二個のみであるが、経済指標の予測や気象予報などでは、もっと多量の変数が用いられるのが普通である。これらからわかるように、予測に用いられるのは主に量的変数であるので、本書では扱わないことにする。

（2）説明

分布の特徴がもたらされた理由を明らかにする。いいかえれば、被説明変数の値の違いをもたらす要因（説明変数）を明らかにするのであり、因果分析といってもよい。もちろん、われわれが社会調査データから直接知りうるのは、あくまでも社会事象間の相関関係のみであるが、時間的・論理的序列の考察を加えて、因果関係について考えていくのである。以下ではその方法について述べる。

説明の論理

説明とは、理論であれ常識であれ、既知の広く認められた言明と事象とを結びつけることである。第二章で示した女性の性別役割意識の例を、再び用いることにする。

図2－2（五五頁）が説明のために作られたグラフである。これが作られた経緯を論理的に追ってみよう。説明の対象である性別役割意識（の分布）は、「女性の側の性別役割分業に対する態度」を概念化し、操作的に定義したものであることは、第二章で述べた。いま、その態度ついて「現在の状態を合理化・正当化するかたちで形成される」と説明することを考えたとしよう。この説明を調査データで確かめるためには、「現在の状態」も概念化と操作的定義が必要である。そこで、多側面の「現在の状態」のうちから、「仕事－家庭」の問題と最もかかわりが深いものとして「現在の就業形態の家族生活との密着度」がとりあげられ、「雇用者」「パート・自営」「専業主婦」に分けられた。これが説明項目である。

もし説明が正しいとしたら、「就業形態が家庭から切り離されていればいるほど、性別役割分業に対して否定的な態度を示す」という予想（仮説）が導かれ、より具体的には、被説明項目（性別役割意識）と説明項目（就業形態）の間には、

否定率　雇用者＞パート・自営＞専業主婦

肯定率　雇用者＜パート・自営＜専業主婦

という統計量の関係が予想される。この予想を作業仮説とよぶ。
そして、データでの関係が作業仮説どおりであったとき、その作業仮説を導いた「説明」をわれわれは受け入れることにする。ただし、同じ結果がまったく別の理由から生じた可能性もあるので、厳密にいえば、仮説が否定されなかったので、とりあえずその説明を受け入れておくのである。

2・2　相関関係の確定

図2-2では、作業仮説どおりの結果が得られている。また、グラフによって直感的に確認するだけでなく、前節でみたように、比率の差という統計量によっても就業状態と性別役割意識との間の相関関係が確認された。このことから、「仮説が認められた」と結論を下してよいだろうか。

疑似相関関係（共通因の存在）

データに相関関係が認められたときに、われわれが注意しなくてはならないのは、そのことが必ずしも本当の意味での、あるいは直接的相関関係の存在を示しているとはいえないことである。本当の意味での相関関係とはいえない、みかけだけの相関関係を疑似相関（spurious correlation）関係とよぶが、真の相関関係と疑似相関関係をみわける必要がある。

説明変数Xと被説明変数Yとの間に疑似相関が発生するのは、両者に影響を与える共通の原因（第三変数）Zが存在する場合である。その関係を図示したのが、図4-6である。ここでは説明の便宜上、就業形態を有業者と専業主婦に二分している。

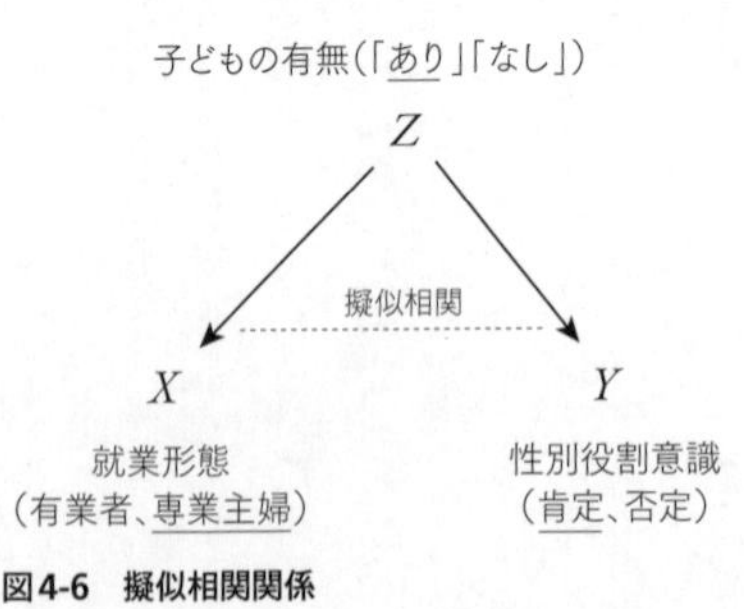

図4-6　擬似相関関係

性別役割意識に関する疑似相関の可能性として、「子ども（とくに幼児）の有無」という要因が考えられる。ここまでは、就業形態の合理化・正当化の結果として性別役割意識が決まると説明していた（X→Y）。しかし、性別役割分業的な社会状況の下では、女性は、世話をしなければならない子どもがいると専業主婦になる傾向があり（Z→X）、また子どもをもつ女性は、母親だから子どもを世話しなければという意識から、性別役割分業を肯定しがちになるとしたら（Z→Y）、就業形態と性別役割意識の間に直接の因果関係がないとしても、専業主婦は有業者に比較して性別役割分業を肯定する傾向が強い（X－Y）という、みかけ上の相関関係が現れることになる。

第三変数のコントロール

このことを確かめる手段が、第二章で基礎項目に関しても述べた第三変数のコントロールである。

仮に、子どもの有無という共通の原因によって、就業形態と性別役割意識の疑似相関が引き起こされたものだとすれば、子どもの有無（第三変数）に関して同じ状態、つまり「あり」の人びとおよび「なし」の人びとの中で就業形態と性別役割意識との関係を

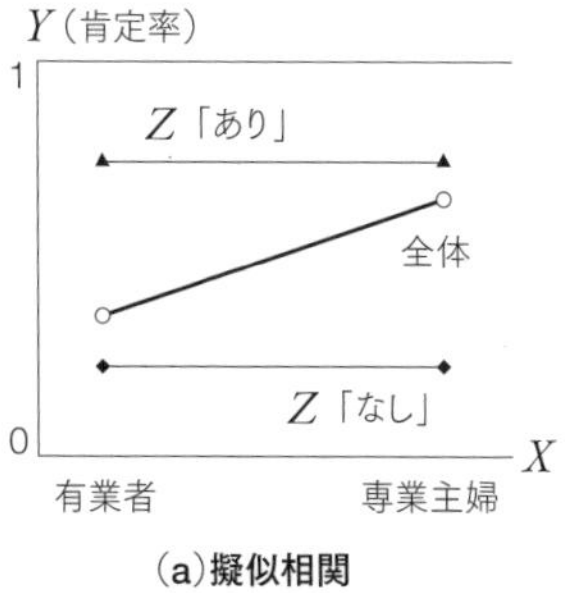

(a)擬似相関

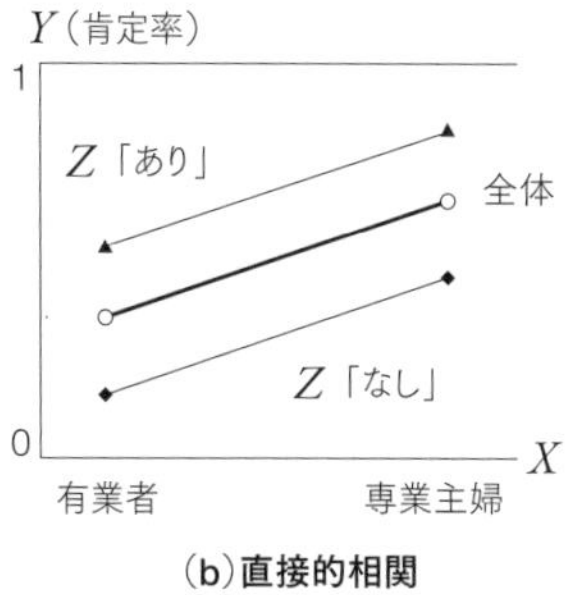

(b)直接的相関

図4-7　擬似相関関係と直接的相関関係

調べてみれば、相関は現れないはずだと考えるのである。

図4-7は、これらのことを折れ線グラフで示した概念図である。①太線は全体の肯定率で、図2-2と対応する（就業状態は「有業者」と「専業主婦」にまとめた）。折れ線の傾きは比率の差に対応しているから、相関の有無や程度を知ることができる。無相関の場合には水平になる。

②細線は、中学生以下の子どもがいる人びと（「あり」）といない人びと（「なし」）それぞれについて求めた肯定率である。

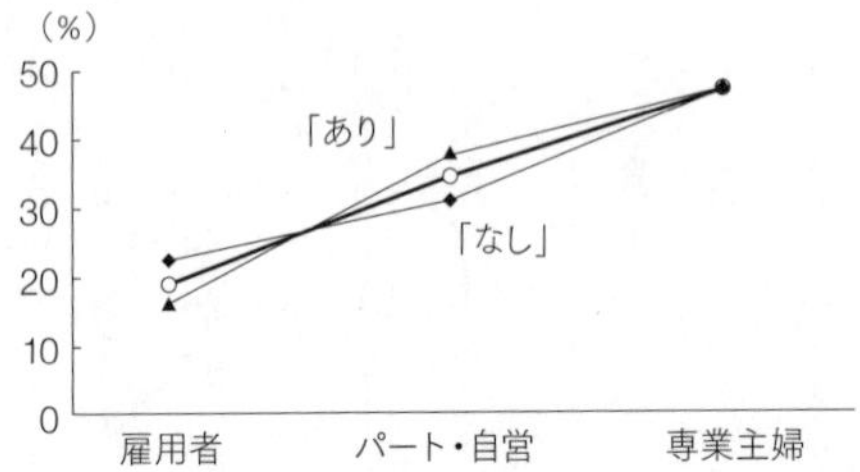

図4-8　子どもの有無別、就業形態別にみた性別役割肯定率
（データ　SSM調査1995年、30-49歳の既婚女性）

図(a)は、疑似相関関係が存在するとしたら得られるはずのグラフである。就業形態と性別役割意識の間に直接的相関関係が存在しないので、②のグラフは水平である。

図(b)は、疑似相関関係が存在せず、直接的相関関係がある場合に得られるはずのグラフである。②の「あり」「なし」いずれも①と平行であり、相関の大きさ

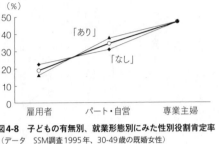

が変化しないことを示している。

なお、図(a)および(b)の②で「あり」と「なし」の間にみられる比率の差は、子どもの有無(Z)と性別役割意識(Y)の間に生じる独自の相関の大きさと解釈できる。

図4-8が、実際のデータから得られたグラフである。太線は全体の肯定率で、図2-2と一致する。細線は、中学生以下の子どもがいる人びと(「あり」)といない人びと(「なし」)それぞれについて求めた肯定率であるが、太線とほぼ重なっている。確かに、雇用者およびパート・自営では、「あり」と「なし」における比率に七〜八%の差が存在するのだが、就業形態間の比率の差に比べれば小さい。「あり」「なし」別にみても、就業形態と性別役割意識の関係はほとんど変化しないといってよい。これは図4-7(b)の特殊なタイプであり、子どもの有無は、就業形態と性別役割意識の関係にも、独自にも何ら影響をもたなかったといえる。

つまり、疑似相関関係は否定され、就業形態と性別役割意識との直接的相関関係が確かめられたといえる。「現在の状態(就業形態)を合理化・正当化する形で性別役割意識が決まる」という説明が確認された(否定されなかった)ことになる。

交互作用など

図４‐７に示したのは極めて単純な関係であり、現実のデータから得られることはそれほど多くない。たとえば、第六章２・４節の「調査協力の意味」で示唆するような、疑似相関と直接相関の要素が混在している場合がある。また、図では「あり」および「なし」のグラフの傾きは常に平行である。つまり、*X*と*Y*との関係の有無、あるいは関係の大きさは「ある」「なし」で違いがない。しかし、実際には傾きが異なって現れることは非常に多い。

一例として図４‐９をあげておこう。

この図では、「あり」と「なし」でグラフの傾きが大きく異なっている。「あり」の場合には、仮説どおり専業主婦の方が肯定率は高くなるが、「なし」の場合には、就業形態にかかわりなく肯定率は低い。つまり、第三変数の状態によって説明変数と被説明変数の関係が変わってくることを示している。このような関係を交互作用（interaction）という。

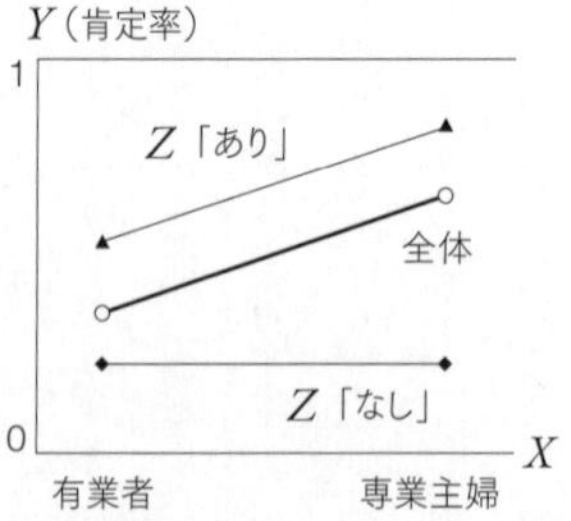

図4-9　交互作用

交互作用のような複雑な関係については、XやZの効果を一般的に論じることは難しく、集計表やグラフをみながら解釈を進めていくしかない。しかし、それに先だって単純な関係を想定し、それを確実に否定しておくことは、無駄とはいえない。その後の分析（解釈）をより的確なものにする可能性を高めることになるからである。

疑似相関関係や交互作用を含めて、着目する説明項目と被説明項目の関係に影響を及ぼすと考えられる他の項目（第三変数）の効果を明らかにする技法を、クロス集計のエラボレーション（精緻化）とよぶが、これについては専門書をみてほしい。

2・3　因果関係と相関関係

先にも述べたように、われわれが社会調査データから直接知りうるのは、あくまでも社会事象間の相関関係のみである。事象間に因果関係が存在すればデータには相関関係が現れるけれども、データで相関関係が認められたとしても、必ずしも事象間に因果関係が存在するとはいえない。自然科学実験のようには、社会調査のデータによって、因果関係の有無を直接確かめることはできないのである。

また、因果の方向についてもデータは何も語ってくれない。

図4－7(a)において、②として述べた水平なグラフが仮に得られたとしても、実は、ただちに疑似相関と断定することはできない。それは、疑似相関として想定した$Z→X$とは逆の$X→Z$という因果関係が存在する可能性があるからである。たとえば、世話をしなければならない子どもがあると専業主婦になりがちであると述べたが、逆に、仕事をもっている女性は子どもをもちにくい傾向があるということも、日常的に知られた事実である。つまり、ZはXとYの共通因ではなく、$X→Y$という関係を媒介しているのである。この場合にも疑似相関と同じグラフが得られて、両者を区別することはできない。

時間をおいて同じ対象者に調査を行い、その間の変化を手掛かりに、ある程度までは検討を加えることは可能である。たとえば、就業形態の変化した場合について、意識の変化の有無を調べるなどである（第五章1・3節のパネル調査参照）。しかし、基本的には、時間的な継起順序についての観察や、思考実験（因果関係が存在するとしたら、A→Bはあり得るけれども、B→Aということは事象の性質に照らしてあり得ないなどの推論）など、調査データ以外から追究していくしかない。

3　調査結果の報告

3・1　ストーリーとデータ

ここまでは、一つの説明（仮説）あるいは一つのデータが備えるべき性質をめぐって、説明を続けてきた。しかし、調査の分析においては、表4-1や図2-2のような図表が突然現れるということはあり得ない。それに先だって、性別役割分業の現状、女性の置かれている位置等々についての検討・議論が行われる。また、同じ調査あるいは別の調査の結果も参照される。そして、調査者が問題にしている事象の生起について、一つのストーリーが組み立てられる。そのストーリーの要所を支えるために調査データを用いて図表が作成されるのである。

現実には、その調査以前に何らかのストーリーが存在していることが多い。それは、文章などの形で明示されていることもあれば、暗黙の社会的常識ということもある。学術研究の場合であれば、「理論」と呼んでもよい。前節で説明した分析の最終目標は、新たな知見（データ）によって、そのストーリーの補強や修正、あるいは否定して

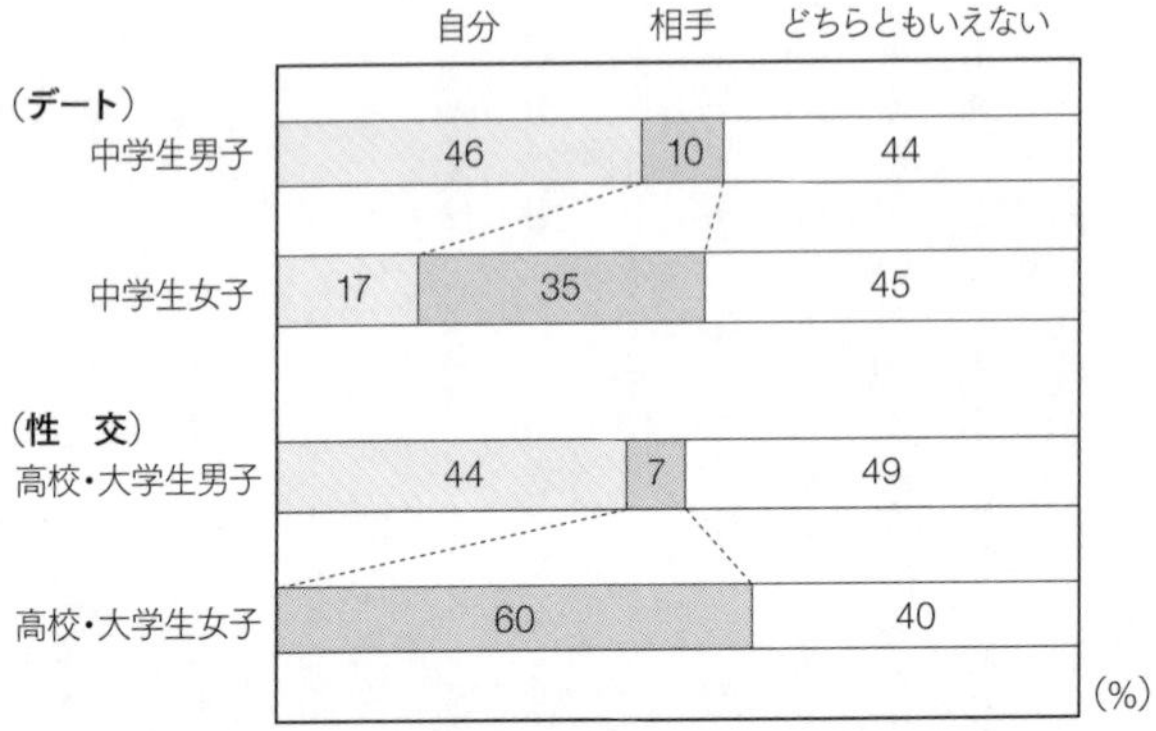

（注）デートは「誘うのはどちらか」、性交は「初めて経験したとき要求したのはどちらか」についての回答。

図4-10　性行動におけるイニシアティブ（資料　『若者の性はいま…』1997年より）

いくことであるということができる。

就業形態と性別役割意識の関係について考えてみよう。既婚女性の有業率は、今後さらに上昇して行き、それに伴って性別役割分業に否定的な意識をもつ者の割合も増加すると予想される。多分、これは既存のストーリーを補強するものといえるだろう。

若い世代の性別役割意識

しかし、この結果を他の調査データと組み合わせると、新たなストーリーの可能性がみえてくる。

「青少年の性行動全国調査（JASE調査↓注1）」（一九九三年）は、中学生・高校生・大学生を対象としている。この調査ではSS

M調査と同じ質問文（第二章の問A）を用いて調査を行っているが、女子の性別役割の肯定率は〇・四一〇（四一%）であった。

（1）若者の保守化？

この結果を表4-1から得られた三三%と比較すると、明らかな差が認められる。JASE調査の方が二年早い調査であることを差し引いても（この時期には、女性の性別役割意識は急速に否定的な方向へ変化していた）、若者の方が、それより上の三〇代や四〇代の年齢層の女性よりも性別役割分業に対して肯定的であることがわかる。この事実から、若い世代の保守化というようなストーリーを展開することもできそうである。

（2）場面により異なる関係？

ただし、逆に約六割の若者は性別役割分業に否定的であることも、紛れのない事実である。しかし、これに図4-10をあわせてみるとどうだろうか。これは、同じ一九九三年のJASE調査から、デート（中学生）および性交（高校生・大学生）について、それぞれの経験をもつ者に、「デートにどちらが誘うか」「性交を初めて経験したとき要求したのはどちらか」をたずねた結果を示したものである。「どちらともいえない」という回答が多いけれども、それを除くと、男子では「自分から」、女子では「相手から」という者が圧倒的に多い。これは、性的場面における、男は能動的で女は受動的（であるべきだ）という、伝統的な性別役割分業の存在ともみることができる。

こうした、相矛盾した回答の分布からも、興味深いストーリーが描けるだろう。

ストーリーとデータの相互作用

（1）若い女性たちの保守化傾向
（2）場面によって異なる役割分業規範

という、二つの新たなストーリーの可能性を紹介したが、社会事象のみえかたは決して一つではない。いろいろな可能性がある中で、どのような図表を用いてどのようなストーリーを展開するかは、分析者の選択の問題である。また、展開しているストーリーがすべてデータによって裏付けられるわけではない。ストーリーの要所がデータによって補強されるのである。しかし、勝手なストーリーを展開してよいというわけではないし、ストーリーに都合のよいデータだけを示せばよいというわけでもない。

展開しようとしているストーリーに従って図表（データ）を選択し、データに対応するようにストーリーを組み立てていく、いわばストーリーとデータとの相互作用が必要である。

また、決して都合のよいデータだけを選んできたのではないことを示すためにも、後で述べるようにデータの質を保証する情報を提供することによって、報告の受け取り手の側からの批判の可能性を開いておくことは、分析の信用を高めることにもつながるのである。

3・2　調査結果の公表

集計・分析が終了したら、調査報告をまとめて公表する。公表は、新聞やテレビなどで報道されることもあれば、論文や書物にまとめられることもあるなど、多様な形で行われる。ただし、新聞やテレビの報道では、調査の全体というよりは、そのごく一部分が紹介されるのが普通であり、調査方法の説明も簡略である。また、論文や書物の場合には、そのテーマにかかわることだけに言及が行われることがほとんどである。調査結果の全体を、その方法も含めて報告しようとするときには、独立の調査報告書が作成されることが多い。

なお調査の中には、統計表や統計グラフを示すことだけで報告になるものがある。このタイプの代表例は国勢調査報告書である。国勢調査報告書は、一回分だけでも数百冊にもなるが、内容のほとんどがクロス集計表であり、何のコメントも付されていない（図5-2）。調査にもとづいて公表される官庁統計にはこのタイプが多い。これらは、定期的に繰り返される調査であり、各統計表の意味や用途がすでに確立しているものである。また、報道機関などが定期的に行う世論調査（内閣支持率、政党支持率など）についても同様である。

以下では、このタイプ以外のいわゆる分析報告について述べる（↓注2）。

調査結果公表の目的

われわれが社会調査の結果を公表するのは、主に次の二つの目的からである。

第一に、最初に設定された調査テーマ（記述すべきこと、説明すべきこと）に対して解答を与えるためであることはもちろんであるが、いいかえれば、社会事象の「認識」に関して何らかの主張を行うためである。

第一章でも述べたように、社会調査の用途や目的はさまざまである。中には、特定の政策を実現しようとするものや、人びとに抗議行動を促そうという目的をもったものもあるだろう。しかし、その前提になるのは、問題の社会事象に関して共通の認識が成立していることである。その共通の認識を成立させるという役割を担うのが社会調査である。極端ないいかたをすれば、うらづけとなるデータを示しながら、問題となっている社会事象をこのようにみるべきだという説得活動を行うのである。

第二に、社会調査の結果を公表するのは、社会事象に関する情報を共有するためである。

社会調査の報告を受け取った人の中には、報告者の報告に同意できない人や、別のやりかたで分析をやってみたい人も、当然いるだろう。しかし、そういう人びとが誰でも簡単に別の調査を行えるわけではない。また、別なデータを用いて、もとの報告とは異なる結果が得られたとしても、もとの分析が誤りであったからなのか、データが異なるからなのかの決着はなかなかつきにくい。

それとは別に、報告者が設定したものとは異なるテーマ（観点）からそのデータを分析してみたいと思う人もいるかも知れない。これらの人びとに情報を提供して共有することは、災害地でさまざまな調査者が似たような調査を実施し、結果として調査対象である人びと（被災者）に迷惑をかけるというような、いわゆる「調査公害」を減らすという点からも、重要である。

調査報告の内容

調査報告の中心になるのが、ここまで述べた分析結果であることはいうまでもないが、それに加えて、以下のことがらについても、調査報告書はもちろん、他の場合でも多少なりとも触れておくことが望ましい。

（1）調査の方法

調査の時期や地点、調査事項（質問文）、調査対象の決定方法（標本抽出法）、実査方法などについて述べる。また、調査組織などについても述べることが多い。これらを明示することは、第一章で説明した「方法の客観性」を確保するという意味でも、きわめて重要である。逆に、調査方法が明示されていない場合には、その調査結果を疑ってかかる方がよい。

これらのうちで、調査地点をどこまで明らかにするかということは、やや微妙な問題を含んでいる。場合によっては、調査地点のあまり望ましくない特性が明らかになったり、調査対象者が特定されたりすることがある。調査対象の名誉とプライバシーを守るということを基本にして、明らかにしていく必要がある。特定の組織に関する調査などでも、同様の問題がある。

調査のテーマが「○○市民の……」とか「△△社員の……」というような場合、「○○市」や「△△社」自体が問題になっているのであれば、都市名や企業名を明らかにすることが必要かもしれない。しかし、第三章で述べたように、真の対象（目標母集団）が都市住民や企業従事者一般であり、その限定された結果として「○○市」や「△△社」が選ばれているのであれば、固有名詞を明らかにする必要はない。なお、日本では「A市」とか「B社」というように、アルファベットの略号を用いることが多いけれども、アメリカにおける地域社会の調査では、「Yankee City（ヤンキーの住む町）」とか「Middle Town（中規模都市）」というような、象徴的な仮名をつけて報告するのが伝統になっているようである。

また、全国規模の標本調査では、多段抽出によって市区町村→投票区→個人という順序で調査対象者が抽出されるのが普通である。この場合、せまい投票区名を明らかにしないことはもちろんであるが、市区町村名も不要な情報であり、抽出された市区町村や投票区の数だけで十分だろう。

（2）標本の特性

性別、年齢、職業など、基礎項目の分布を示して、調査データの基本的な特徴を明らかにするとともに、これを国勢調査の結果など、より確実な資料と比較する。量的変数に関しては、平均値や分散などの統計量を示す。このことによって、得られた調査データの質を評価することが可能になる。割当抽出法に関して述べたように（第三章）、基礎項目の分布がより確実な分布に類似していれば、他の調査項目も母集団の状態を反映している可能性が高まる。逆に、大きく食い違っているならば、母集団の状態を反映している可能性は低くなり、そのような限定つきで調査結果を提示せざるをえない。

なお、調査報告書の中では、（3）基本集計表が収録されていることが多い。分析報告では触れられていないものも含めた、全項目の単純集計表、およびそれらと主要な基礎項目（年齢、性別、職業、学歴など）とのクロス集計表である。これは、調査結果の全体を示すと共に、結果の公表の第二の目的（社会事象に関する情報の共有）にも対応するものである。

3・3　データの公開

先に述べたように、社会調査の結果を公表する目的の一つは、必ずしも調査者（報告者）のテーマや主張にかかわらない形で、社会事象に関する貴重な情報を共有することにある。報告の内容の（3）基本統計表は、その目的にある程度応えたものではあるが、きわめて限られた情報しか提供できない。より望ましいのは、集計以前の元データが提供されることである。そのデータを用いて、他の研究者が分析をやり直すことや、もとの調査とはまったく別のテーマの分析（二次分析）を行うことが可能になる。

とりわけ公開データの存在が大きな意味をもつのは、第五章でとりあげる時系列分析（社会の変化をとらえる）や国際比較分析（他の社会と比較する）を行おうとする場合であろう。過去の状態を今調査することは不可能であるし、他社会で調査を実施することにはさまざまな困難が伴う。

しかし、個々の調査者が公開への要望に対応したり、起こりうる不正な利用の監視を行ったりするのは容易ではない。その役割を果たすのが、既存の調査データを収集して希望者に対する販売や貸出しを行うデータアーカイブ（data archive 保管所）である。データアーカイブからのデータの提供は、基本的に、以下の二つの方法のいずれかで行われる。

第一の方法は、元データ（電子ファイル）をそのまま提供するものである。ただし、調査対象者のプライバシーを損なわないように、調査地点名などに関する情報は、その部分のデータそのものや、コードブックから削除して提供されるのが普通である。

第二の方法は、元データをそのまま提供するのではなく、被提供者が希望する統計表を作成して提供するものである。この方法は、データアーカイブ側の負担が大きいが、元データが正規の利用者以外に流出するという危険がない。最近では、インターネットを利用して、希望者が集計や分析を自分で行えるシステムも開発されてきている。

欧米では一九六〇年代から活動がはじまり、ケルン大学（ドイツ、ZA）とミシガン大学（アメリカ、ICPSR）のデータアーカイブが双璧とされる。最近では、社会調査データを収集・公開するだけではなく、社会調査の企画、文献情報の収集、調査法・分析法の研究や教育などの機能を併せもつ、社会科学研究の基盤機能をめざしたものとなっている。

日本での動きは遅れていたが、一九九〇年代から、札幌学院大学社会情報学部、東京大学社会科学研究所、大阪大学大学院人間科学研究科などにおいて、相次いでデータアーカイブが発足している。

注

1 略号は、Japanese Association for Sex Education（日本性教育協会。調査の実施主体）から。

2 なお、日本語ではいずれのタイプも同じく「社会調査」であるが、英語では、前者を「サーヴェイ」（sociali survey「俯瞰」の意）、後者を「リサーチ」（social research「研究」の意）とよびわけることが多い。

◉第五章

さまざまな社会調査

これまでの各章では、主に調査票調査（統計調査）を、また単一（一回）の調査を想定して説明を行ってきた。しかし、これによって知り得る情報にはさまざまな限界がある。本章では、それらとは異なるやりかたの調査をとりあげる。

第1節（比較調査）では、変化をとらえるための時系列調査と、日本人・日本社会の特質を明らかにするための国際比較調査について、問題点を含めて解説する。いずれも、異なる調査対象に同一の調査を実施して、その結果を比較することを目的としている。いずれの調査でも、巨額の費用と安定した調査組織が必要なことは想像がつく。このような調査が数多く実施されるようになったことは、注目すべき社会調査の動向である。

第2節（聴取調査）では、調査票を用いない聴取調査の方法と考え方について述べる。

この方法は学術研究を中心として広く採用されている。それだけに、聴取調査についてきちんと解説するためには、少なくとも一冊の図書が必要になるだろう（事実、多くの図書が刊行されている）。このことを断っておきたい。

1　比較調査

1・1　変化をとらえる――年齢層別集計

社会調査はある時点における社会や集団の特徴を明らかにしようとするものであるが、その特徴がどのようにして形成されてきたのか、またこれからどのように変化して行くのかについて知りたいと思うのは、誰もがもつ知的欲求であろう。そのためには、とりあえず過去の状態との比較が必要になる。しかし、いつも運よく過去の調査データが存在しているとは限らない。

世代効果・加齢効果

そこで、このような場合にわれわれがよく行うのは、一つの調査結果を年齢層別に集計してみるという作業である。たとえば、年齢層別比率が図5－1(a)のようであったとしよう。年齢層間にみられる差異を、世代の差異とみなすのである。

つまり、各年齢層は生まれた時点も育った時代も異なり、その結果、意識や状態に違いがでてきたのだ、と解釈するのである。この解釈を変化に結びつけると、次のような推測が成り立つ。全体比率ほぼ一致すると思われる四〇歳代(〇印)に着目してほしい。

(1)意識や状態(したがって比率も)は歳をとっても変わらない。しかし

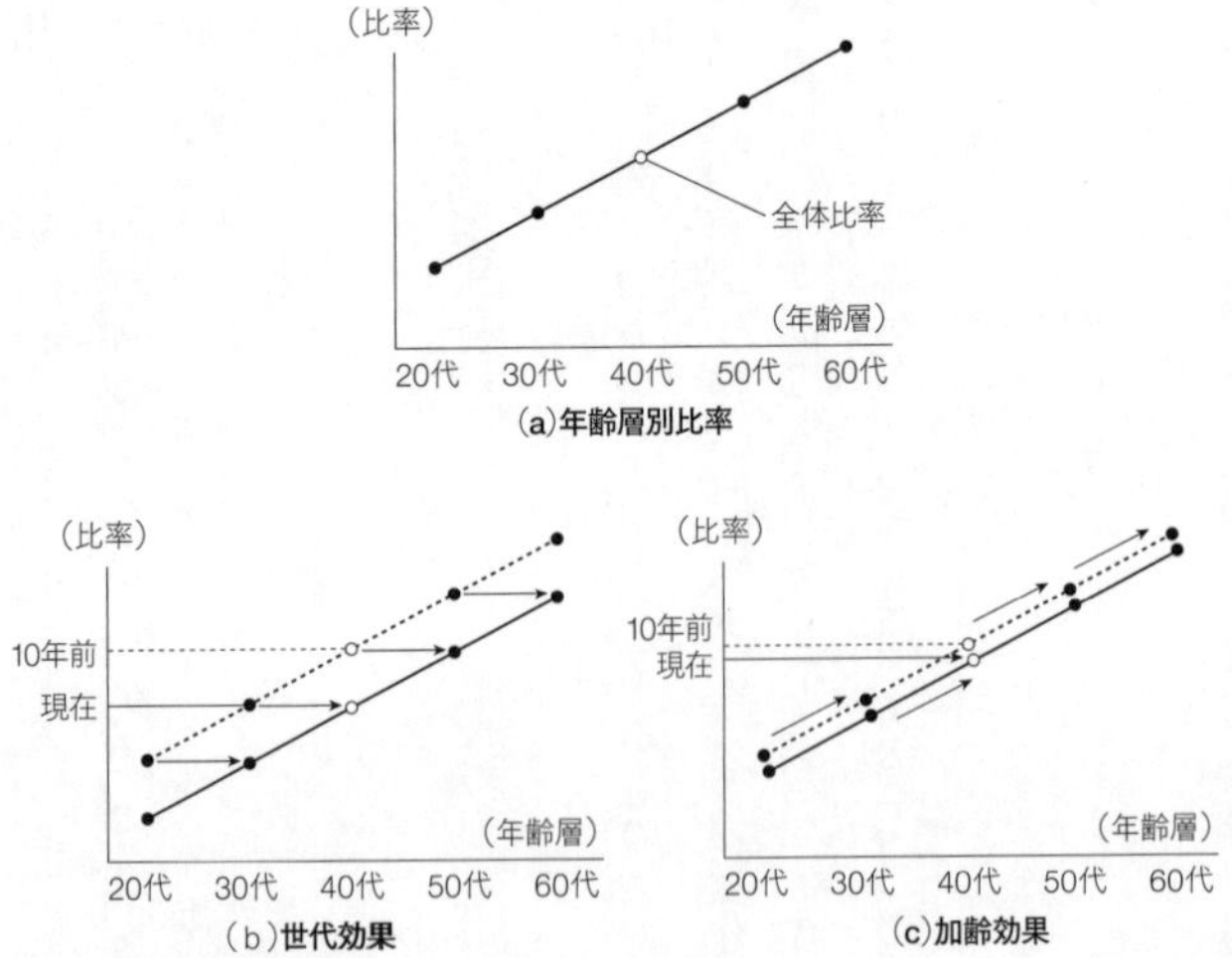

図5-1　年齢層別比率

一番比率の高い世代は、死亡したり調査対象から外れたりして、いずれは去っていく。また、新しく調査対象として入ってくる世代の比率は、現在の一番若い世代の比率よりも低いか、少なくとも高くなることはないであろう。このような世代の入れ替わりの結果、全体としての比率は低下してきたのだし、今後も低下していくだろう。

しかし、この推測はきわめて危険である。なぜなら、年齢層間にみられる差異を、加齢による差異と解釈することも可能であり、その場合には、次のような推測が成り立つからである。

(2) 比率は加齢に伴って増加する。つまり、年齢とともに意識や状態は変化する。一〇年後の比率は、上の年齢層の現在の比率に近づくはずである。一番比率の高い世代が去って行ったとしても、その下の世代の加齢に伴う比率の増加によって、全体としての比率は変化しなかったし、今後も変化しないであろう。

この、まったく異なる推測の真偽は、過去の時点における調査データによって判別するしかない。このことを示したのが、図5-1(b)および(c)である。

図(b)は、年齢層間の差異が純粋に(1)世代の違い(世代効果)である場合の例である。点線で結ばれているのは、一〇年前の調査結果である。一〇年の経過によって、それぞれの年齢層は一つ上に移行するが、比率は変化していない。全体としての比率は変化（低下）する。

図(c)は、年齢層間の差異が純粋に（2）加齢によるもの（加齢効果）である場合の例である。一〇年前の最高齢層の比率はさらに上昇が予想されるけれども、調査対象からは外れる。また、新たに調査対象に加わる年齢層の比率も一〇年前と同じである。その結果、全体としての比率も変化しない。

第一章で紹介した国民性調査は、後で述べるように一九五三年から五年毎に繰り返されているので、図(b)や(c)のような検討が可能である。林知己夫らは、純粋の世代効果の具体例として、「趣味にあった暮らしかた」をしたいという人生観（表1－2および質問文例F）をあげており、図(b)のようなグラフを描くことができる。つまり、年齢層別の集計結果（グラフ）は世代による意識の変化を示している。

ただし、「趣味にあった暮らしかた」を好む比率は若い年齢層ほど高いから、グラフの傾きは右下がりであり、全体の比率は上昇して行く。また、表1－2でみたように、戦前と戦後を比較すると、同じ世代でも比率が大きく変わっているから、国民性調査のデータの範囲内でのことだと限定している。

純粋の加齢効果の具体例としては、日本人の宗教心がよく知られている。「信仰とか信心をもっている」と答える人の比率は年齢に比例して高くなるが、全体としての比率は、いつの調査でも三〇〜三五%でほとんど変化しない。つまり、図(c)のグラフになる。これは、人びとが加齢と共に信仰や信心をもつようになるという変化を示している。

時代効果

異なる時点における調査データがあれば、このように変化の有無をみわけることが可能になるけれども、以上の議論には、一つの前提が存在している。それは、調査対象をとりまく社会情勢に大きな変化がないという前提である。たとえば、景気や流行の変化、あるいは大事件などを考えてみればよいだろう。いま、年齢層間の差異が本来は加齢によるものであったとすれば、図(c)のようなグラフが得られるはずである。ところが、何らかの社会情勢の変化によって、どの年齢層も共通に比率が低下するというような事態(これを時代効果とよぶ)が起こったとすれば、見かけ上は図(b)のような結果が得られることになる。

なお、統計分析では、ある統計量に与える世代効果、加齢効果、時代効果の大きさを、厳密な意味でみわけることは不可能であることを、知っておいてほしい。たとえば、世代効果を知るためには、世代だけが異なっていて、年齢（加齢）と時点（時代）は同じというデータを比較する必要があるけれども、そのようなデータは原理的に存在しないからである。簡単な例でいえば、一九四五年生まれと一九五五年生まれの人を比較するとしよう。二〇〇五年のデータを用いるとすれば、前者は六〇歳、後者は五〇歳となり、年齢が異なる。また、年齢を四〇歳に合わせるとしたら、前者では一九八五年のデータ、後者では一九九五年のデータを用いることになり、時点が異なる。他の効果についても同様である。

1・2　継続調査

社会調査の繰り返しは、このように重要であるが、それもなるべく同一のやりかた（たとえば、同一の質問文を用いるなど）であることが望ましい。やりかたが異なっていると、仮に変化が認められたとしても、本当に変化が起こったのか、やりかたが異なったから結果が異なったのかを、厳密にみわけることが困難になる。

計画的に同一の調査を繰り返すやりかたを時系列調査とよぶが、継続調査とパネル調査という、二つの方法がある。以下では、その方法の特徴について述べるとともに、報告を手にいれやすいものを中心に、いくつかの調査について紹介することにしよう。

継続調査とは、同一の統計集団に対して、一定間隔で調査を実施する方法である。ただし、全数調査であれば、個体の入れ替わりがあるし、標本調査の場合であれば、毎回、標本抽出を行って調査を実施する。つまり、まったく同一の対象に調査が繰り返されるわけではない。学校調査などでは、生徒や学生が完全に入れ替わるような間隔で行われることも多い。

以下でも紹介するように、継続調査はかなり長期間にわたって実施されることが多い。場合によっては半世紀以上にわたるものもある。もちろん、まったく同一の調査票が用いられるわけではないが、少なくとも基幹部分については調査項目(質問文)が同一でなければ、時点間の比較が成立しない。その意味では、第一回目の調査における企画が、きわめて重要になる。

継続調査の代表例といえるのは、実は行政調査である。行政調査の多くは、継続調査として実施されている。とくに、第一章でも紹介したように、国勢調査をはじめとする約六〇種類の指定統計は、毎年あるいは数年間隔で繰り返して実施されている（図5-2は一回分の全報告書）。また、マスコミ各社は、政党や内閣の支持率を中心に、政治意識の継続調査を行っている。

これまでもたびたびデータを引用してきたSSM調査も継続調査である。社会階層や不平等の研究者によって、一九五五（昭和三十）年以来、一〇年間隔で続けられている全国調査であり、世界的にも知られている。職業、学歴、収入など、個々の項目は国勢調査をはじめとする行政調査とも共通ものも多いが、それらをより詳しく、また行政調査にはない生育環境（親の職業など）、職業経歴、階層意識なども調査し、それらを組み合わせて分析しているところに特徴がある。

図5-2　2000年国勢調査報告書

SSM調査のテーマは多様であるが、日本社会が平等な方向に向かっているかどうかという問題は、その一つである。たとえば、人びとは親の地位や職業によらずに、どれだけ自分の意志と能力によって職業選択が可能になっているだろうか。興味深い分析例を紹介しよう。

佐藤俊樹『不平等社会日本』（二〇〇〇年）

佐藤が着目したのは、雇用や収入で比較的恵まれた地位にある管理職、専門職などの人びとで、上層ホワイトカラー雇用者とよんだ。それぞれの職業（職業階層）がどれだけ出身階層（親の職業）にかかわりなしに開かれたものになっているか、ログオッズ比という統計量を用いて測定すると、他の職業とは異なり、上層ホワイトカラー雇用者の階層閉鎖性のみが一九九五年調査で反転上昇していることに着目し、「日本社会が不平等社会に向かっている」と主張した。

図5-3の「四〇歳時職」というグラフは、

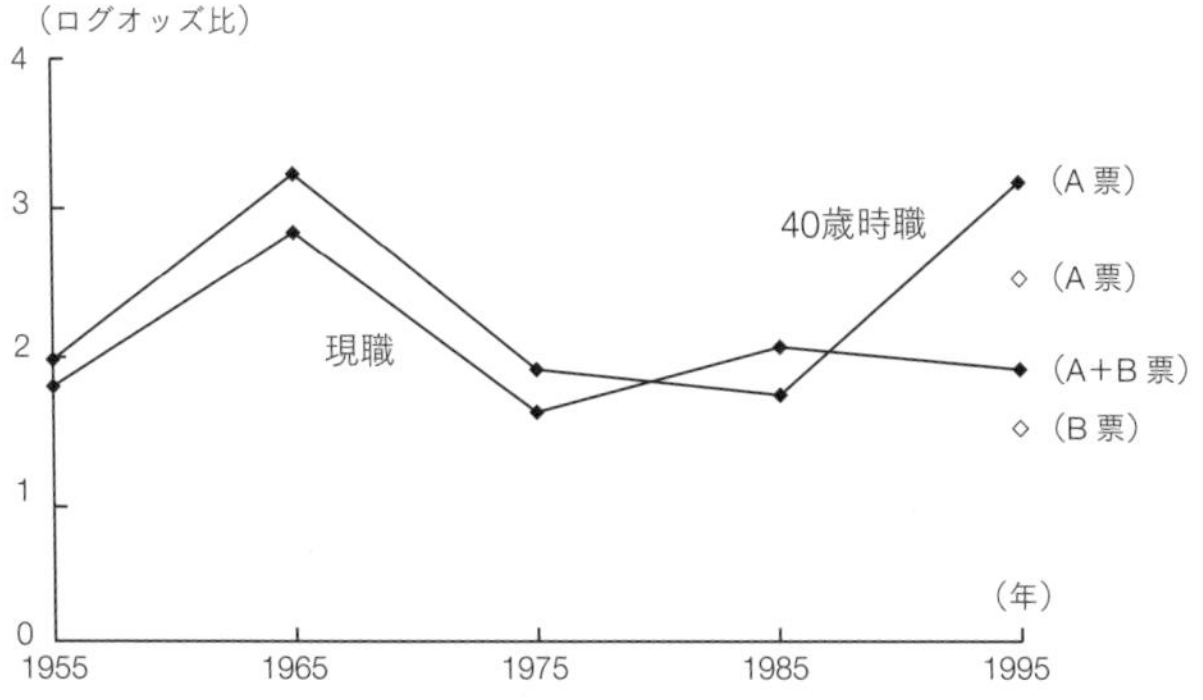

（注）40-49歳男性。父主職と本人40歳時職または本人現職との比較。

図5-3　階層閉鎖性の推移（上層ホワイトカラー雇用者）

（出典　原純輔編『流動化と社会格差』2002年）

佐藤の考え方にもとづいて筆者が再計算した結果である。ログオッズ比は、値が大きいほど階層の閉鎖性（父と子の同職傾向）が強いことを意味している。

佐藤の主張は、当時の社会的不安に呼応するものであったが、それまでの学問的常識にも反するものであった。これに対して、筆者は同じSSM調査データを用いて図の「現職」というグラフを作成し、佐藤の主張を批判した。ログオッズ比は上昇傾向にはない。

佐藤は、個人の職業的キャリアは四〇歳の頃までにほぼ決まると考えた。そこで、調査年の頃に四〇歳を迎えた人びと（四〇～四九歳）の四〇歳時の職業と、父親の主な職業との関係をみたのが「四〇歳時」のグラフである。筆者は、同じ人びとの現職と父親の主な職業との関係から「現職」のグラフを作成した。

一九八五年調査までは、両者はほぼ重なり合っている。ところが、一九九五年調査ではまったく異なる動向を示している。この理由はデータ数の違いにある。個人の職業経歴（初職～現職）は、回答者にとっても記録する調査員にとっても、負担の大きい調査項目である。そこで一九九五年調査では、半数の調査対象に対してのみ職業経歴の質問が行われた（A票）、残りについては現職のみの質問が行われた（B票）。つまり、

「現職」に関してはA票＋B票、「四〇歳時職」に関してはB票のみでログオッズ比が求められたのである。

図5－3では、現職に関してA票およびB票のみで計算したログオッズ比も示されているが（◇印）、両者は大きく離れている。その理由は明らかではないが、前回までの状況からみても、一九九五年調査に関しては、「現職」のグラフの方が正しい動向を示しているように思われる。

さまざまな継続調査

SSM調査以外でも、日本人の国民性調査（統計数理研究所、一九五三年から五年毎）、国民生活に関する世論調査（内閣府、一九五八年から毎年）、日本人の意識調査（NHK、一九七三年から五年毎）などがよく知られている。とくに国民性調査は、実施組織からうかがえるように、社会調査法や統計分析法の専門家も多く加わっており、調査法や分析法に関しても日本の社会調査をリードしてきた。また、表4－9で紹介した青少年の性行動全国調査（JASE調査、日本性教育協会、一九七四年から六年毎）は、中学生〜大学生を対象とするユニークな調査である。

なお、これは継続調査ではないが、ＮＨＫ放送世論調査所が『図説・戦後世論史』（一九七五年、一九八二年）という本にまとめた、興味深い研究成果がある。個別に行われたさまざまな世論調査の中に、同一の質問文が含まれている場合が少なくない。それを時系列に沿って眺めれば、変化の様子を知ることができる。ただし、単に質問文が同一であるだけでなく、調査のやりかた（調査母集団、標本抽出方法など）についても吟味し、相互に比較可能な調査結果であるかどうかの検討が必要なことは、いうまでもない。この本は、比較可能な調査項目を丹念に集めたものである。

1・3　パネル調査

継続調査によって、社会の変化（の有無）を把握することはできるが、それが個体のどのような動きによって起こったのかを知らないと、誤った判断を下すおそれがある。たとえば、継続的な世論調査によって、政党の支持率に変化がなかったとしても、個人の意識に変化がないとはかぎらない。

パネル調査とは、同一の調査対象に繰り返し行われる調査のことである。固定された調査対象をパネルという。パネル調査を行うことにより、個体レベルでの変化と結びつけて、社会や集団における変化のプロセスを正確に知ることができる。継続調査などで同じ情報を得ようとしても、不確かな過去の記憶に頼らざるを得ない。

蒲島郁夫『政権交代と有権者の態度変容』(一九九八年)

政治学者のグループによって、一九九三年衆院選直前から一九九六年衆院選直後に、七回にわたって行われた、投票行動と政治意識についての全国調査(JESⅡ調査)の例を紹介しよう。この期間は、九三年の自民党政権崩壊に始まって、九六年に自民党が単独政権に復活するまでの、日本政治の激動の時代である。

表5－1は、第二回(九三年七月)、第三回(九四年二月)、第四回(九五年二月)の調査すべてに回答した人びとの、政党支持の分布とその変化を示したものである。簡単に説明するために、自民、非自民、支持政党なしにまとめてある。

合計欄だけをみると、表(a)(九三年七月〜九四年二月)では自民党が大きく支持を失い、表(b)(九四年二月〜九五年二月)ではあまり変化はなかった、と要約できるだろう。しかし、個人の意識の動きは複雑である。表(a)の場合、合計欄のような変化が生じるためには、最少で一五六人(一二・七%)が支持を変更すればよいが、実際には四六七人

(a)1993年7月～1994年2月

（人）

1993.7 ＼ 1994.2	自　民	非自民	支持なし	計
自　民	303	145	82	530
非自民	36	347	90	473
支持なし	35	79	109	223
計	374	571	281	1226

(b)1994年2月～1995年2月

（人）

1994.2 ＼ 1995.2	自　民	非自民	支持なし	計
自　民	287	57	30	374
非自民	67	410	94	571
支持なし	35	82	164	281
計	389	549	248	1226

表5-1　政党支持意識の変化（パネル調査）
（資料　蒲島郁夫『政権交代と有権者の態度変容』1998年より）

（三八・一％）が変更している。表(b)の場合、その数字は二二人（一・八％）と三六五人（二九・八％）となる。しかも、流出あるいは流入のみということはなく、流出と流入が同時に生じている。合計欄の変化あるいは無変化は、このような複雑な動きの帰結である。

なお、ここでは二つの調査間の関係に着目したが、三つの調査をまとめると、たとえば固定層、浮動層のようなものを取り出して分析することも可能である。固定層についてみると、三回の調査で支持を変えなかった人は、自民二一八人（一九九五年自民支持者の五六・〇％）、非自民二二五人（非自民支持者の四〇・一％）、支持なし六二人（支持なしの二五・一％）で、自民党が相対的に固い支持層に支えられていること、支持なしの多くが浮動層であることが確認できる。

政治意識は、過去の記憶に頼ることが危険な調査項目の代表といえる。その意味では、パネル調査の利点を生かした調査である。同様の危険は収入などでも大きい。そこで、今日、数多くのパネル調査が実施されている。たとえば、その収入を含めて、二五〜三四歳（一九九三年当時）の女性の生活と意識を一〇年間にわたって追究した「消費生活に関するパネル調査」（家計経済研究所）は、成果がわかりやすい一般向け図書としてもまとめられている（巻末参考文献参照）。

パネル調査の問題点

ただし、パネル調査は時系列調査としては以下のような問題点も抱えており、母集団そのものの変化を的確にとらえるためには、各調査時点ごとに標本抽出を行う継続調査の方が優れている。

（1）パネルの維持が容易ではない。繰り返し回数が増えるにしたがって、飽きるとか面倒だとかの理由から、協力を拒否する調査対象も増加して（これを「パネルの脱落」という）、調査そのものが成り立たなくなることがある。ＪＥＳⅡ調査では、パネルとして抽出された有権者は三、九八六人であったが、七回の調査にすべて協力してくれたのは、わずか五八九人（一五%）にすぎなかった。パネルの維持がいかに困難であるかが、この数字に示されている。

（2）調査の繰り返しが、調査対象の回答に影響を与える可能性がある。継続調査の場合と同様、変化をとらえるためには、同一の質問の繰り返しが基本である。しかし、そのことが調査対象の関心や知識に影響を与え、回答にも影響する可能性がある。そこで、一回しか調査を行わない標本を、パネルとは別に抽出しておき、パネル調査の結果と比較しながら、繰り返しの影響を検討することが必要になる。

（3）調査対象の設定のしかたによっては、時間の経過とともに、パネルと母集団との乖離が大きくなる。成員の流出や流入の多い母集団（たとえば、ある企業の従業員など）の調査の場合には、パネルの方は固定されているため、母集団における変化とパネルにおける変化が、次第に対応しないものになってくる可能性がある。このような調査では、開始から終了までの期間を、比較的短く設定するのがよい。

これに対して、成員の流出や流入が少ない母集団（たとえば、特定の世代集団など）の調査では、こうした恐れは小さいから、かなり長期間にわたるパネル調査を行うことが可能である。

1・4　国際比較調査

われわれが実施したり、目にしたりする調査の多くは、日本社会（あるいはその一部）を対象とするものである。こうした調査から得られた特徴が、本当に日本社会や日本人の特徴といえるかどうかは、他の社会との比較調査によって確かめる必要がある。このような国際比較調査も、近年では数多く企画・実施されるようになってきた。ところで、国際比較調査が可能になるためには、まず継続調査やパネル調査以上に大きな組織や資金が必要となるが、それを除けば、次の二つのことが前提になると思われる。

国際比較の条件

第一は、相互に比較が可能な社会であるということである。たとえば、生活水準や生活様式などがあまりにかけ離れた社会同士では、同じ方法による直接的な比較そのものが無意味なことが少なくない。現実に実施されている調査でも、対象が（日本を含めた）先進産業社会に限定されていることが多い。

第二は、それと関連していることがらであるが、共通の調査票（質問文）が作成可能であるということである。国際比較調査において、最大の障害となるのは、いうまでもなく言語の問題である。第二章でも述べたように、調査の質問文は、すべての調査対象に等しい意味で伝わることが必要であるが、言語が異なる場合には、それはさらに容易ではない。日本語の質問文を外国語に翻訳し、それを再び日本語に翻訳して、最初の質問文と同じものが再現されるかどうかを確かめるという作業（これをback-translationという）を繰り返して、等しい意味内容に近づけていく。

国際比較調査の知見

先も述べたように、国際比較調査を実施するためには大きな組織や資金が必要となる。そのため、官公庁やOECDのような国際機関によって行われることも多い。わが国では、内閣府が一九七二年から二〇〇八年まで五年毎に行ってきた「世界青年意識調査」などがよく知られている。

国際比較調査によってどのような知見が得られるのだろうか。

図5－4は、かなり初期の調査結果であり、(a)は一九六八（昭和四十三）年の国民性

調査、(b)はその一環として一九七〇(昭和四十五)年に行われたハワイの日系人に対する調査によるものである。グラフには、「子どもがいないときは、たとえ血のつながりがないものでも養子にして家をつがせるか」という質問に対する「養子につがせる」、および「大切な道徳」として「恩返し」をあげるものの、年齢層別比率が示されている。つまり、「古い型の日本人」的な回答を問題にしている。

全体の比率は、日本人と日系人でほとんど差がないにもかかわらず、「日系人はやはり日本人だ」という結論を出してはならないことが、このグラフからわかる。日本人の場合、どちらの質問に対しても、年齢とともに「古い型」の回答が増加する。単純化していえば、「歳をとる→伝統的になる」というパターンである。

ところが日系人の場合は、「恩返し」に関しては年齢とともに「古い型」が増加するのに対して、「養子」に関し

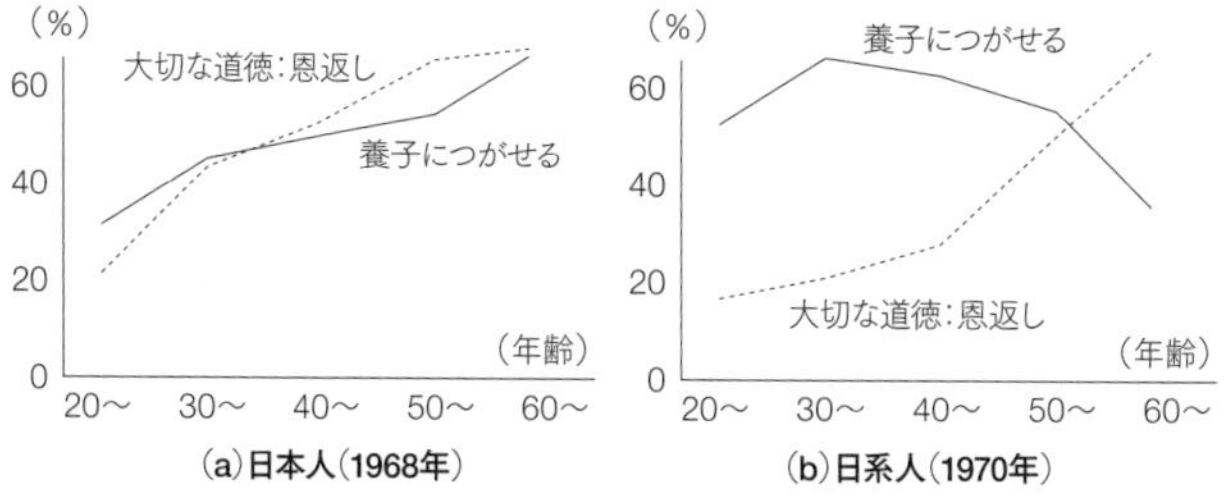

図5-4 「古い型の日本人」的回答(出典　林知己夫編『比較日本人論』1973年)

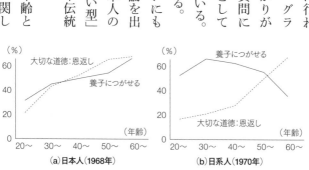

ては、年齢とともに「古い型」は減少するのである。最終的に同じ結論に達するにしても、「考えかたの筋道」が日本人と日系人では異なるのであろうと、このデータを分析した研究者は述べている。つまり、表面的な調査結果や印象で、「日本人と○○人は似ている」とか「似ていない」と結論づけてはならないことを、この調査結果は教えているのである。

この例のように、日本国内だけを対象にした調査の発展形態として、国際比較調査が行われることも多い。国民性調査の発展形として、ハワイ調査だけでなく、アジア・太平洋価値観国際比較調査（二〇一〇〜一四年）、環太平洋価値観国際比較調査（二〇〇四〜〇九年）、東アジア価値観国際比較調査（二〇〇二〜〇五年）などが、統計数理研究所によって実施されている。また、ＳＳＭ調査でも東アジア社会との比較調査が開始されている。

2　聴取調査

2・1　非指示的面接調査

聴取調査は面接調査の一種であるが、非指示的面接調査とよぶことができる。これまで述べてきたように、調査票調査における面接では、質問のしかたが（回答の記録のしかたも）厳格に定められており、調査員が文章を変えたり、口添えをしたりすることが、原則として許されていない（指示的面接調査）。逆に聴取調査では、調査員の自由で柔軟な対応がむしろ必要とされる。調査員は、調査の主題についてよく熟知しており、高い面接能力を有していることが必要で、調査者が直接面接を行うことが多い。したがって、調査対象の数も少数に限定される。

「高齢者の生活と意見」調査

聴取調査の様子を読者に伝えることは難しい。そこで、具体的イメージを得るために、社会調査実習の一環として、筆者が学生たちに課している「高齢者の生活と意見」調査の例を紹介しよう。

この調査は、高齢化社会が抱えている問題について考えるために、自分の周囲（家族、親戚、近隣など）の七〇～八〇歳の高齢者を選んで行うことになっている。この調査の特徴は、高齢者の現在の①生活状態や②意見を、③これまでのキャリア（生い立ち、学歴、家族歴、職歴など）とかかわらせながら考えていこうとする点にある。したがって、調査では回答者のキャリアについての聴取が大きなウエイトを占める。現在の居住地と同居家族（続柄、性別、年齢、職業など）、出身地等々の基礎項目に加えて、次の例のような質問項目を用意した（↓章末注も参照）。

> ◎戦争中や戦争直後の思い出は何かありますか？（兵役、死亡者、戦災、疎開、敗戦直後の社会や生活など）
> ◎お宅にテレビが入ったのはいつ頃か憶えておられますか？　その頃の暮しの様子はどんなでしたか。

基礎項目は、回答者の生活や意見を理解したり、レポートをまとめたりする上で必要となる情報である。質問の中に混ぜなければならないものも、聴取とは別に、あらためて事実を確認しなければならないものもある。質問項目は、調査者が初心者（学生）であることを考慮して、最低限、このようなことがらを、このように質問してはどうかという示唆である。その他の調査方法については、調査者にまかされている。

調査終了後、学生たちは「〇〇さんの生涯」という表題のレポートをまとめることになっている（「○○」は「A」などの符号あるいは仮名。場合によっては実名）。また、内容を的確に表す副題を付すことも求められている。

なお、聴取調査の方法という意味では、回答の記録のしかたや整理のしかたがきわめて重要であるが、これについては、文化人類学などのフィールドワーク（fieldwork）が参考になるだろう。そちらの教科書をみてほしい。

非構造化面接

指示的面接、非指示的面接は、また、構造化面接、非構造化面接とよばれることもあるが、この呼称は、両者の特徴をよく表している。すなわち、構造化面接（指示的面接）では、調査事象に関する回答者の意識に、共通の一定した構造（あるいは流れ）があることを仮定して、一連の質問文が設計されているのである。これに対して、非構造化面接（非指示的面接）では、そのような構造は仮定していないか、あるとしてもごく弱い仮定で、むしろ、面接によって、構造を探っていくのに適しているといえよう。

「高齢者の生活と意見」調査の例で考えてみよう。この調査では、回答者のキャリアについて尋ねるけれども、それは「事実」を知ることが主目的ではない。むしろ、たとえば「子どもの頃の思い出」として、どのようなことがらを、どのような順序で、どのように語るかということが重要なのである。また、複数のことがらを回答者自身がどのように関連づけているかが問題なのである。もう少し一般化していえば、調査対象者が自己の経験や自己を取り巻く世界をどのように構造化（意味づけ、解釈）しているかをとらえることが、非構造化面接のねらいなのである。

したがって、「質問」することの意味も、二つの面接において実は異なっている。第二章において、人びとの回答を比較しようとするとき、真に比較が成立するためには、与えられた質問（あるいは刺戟）が、すべての回答者に対して同一のものであるということが必要であり、調査票調査は、質問のしかたを形式的に統一することによって、刺戟の同一性を確保しようとするものにほかならないと述べた。これに対して、非指示的面接調査では、質問の形式はバラバラである。むしろ、各回答者に適した形式を選択することによって、実質的な同一性を確保しようとするものであり、同一性の判断は調査者の主観にまかされるけれども、ややもすると調査者の一人合点に陥りやすく注意が必要である、とされる。

この注意は一面では真実であるけれども、他面では誤っている。非構造化面接においては、一問一答ではなく、調査対象者が自発的に、また、まとまった形で回答してくれるのが望ましいことは、明らかである。構造化面接(調査票調査)における質問が、回答を想定されたある構造の中に流し込もうとする水路の役割を果たすのに対して、非構造化面接(聴取調査)における質問は、回答のいわばきっかけを与えるものだからである。

2・2 調査結果の個別性

調査票調査では、各個体(個人、世帯など)に関する情報は、まず一冊の調査票として得られる。次に、全個体の調査票が集められて、多くの場合、さまざまな統計的量が算出され(統計的分析)、これを手掛かりにして集団的特徴についての議論(説明や記述)が行われる。

これに対して、聴取調査によって得られるのは、ごく少数の個体(場合によっては一個体)に関する情報である。調査票調査でいえば、数冊の調査票である。しかし、そこに含まれる情報量は、多くの場合、調査票とは比べものにならないくらいに膨大であるとともに、またその内容や形式も多様である。

聴取調査の結果をまとめるにあたって、調査対象の個別性（独自性）ということが、まず重視されなければならないだろう。調査対象者が自己の経験や自己を取り巻く世界をどのように構造化（意味づけ、解釈）しているかをとらえることが、非構造化面接のねらいだと述べたが、調査者は、調査対象者の文脈に沿って理解し、その結果をわかりやすく述べる必要がある。このことを「高齢者の生活と意見」調査の例にあてはめて考えてみよう。

（1）回答者のキャリアとして述べられたことを、時系列順に並べていくだけでは、「調査対象者の文脈に沿って理解した」ことを示すものとはならない。何が語られたか（何が語られなかったか）、それらが回答者によってどう関連づけられているか、を示すということが重要である。調査票調査では、対象者自身の意味づけや解釈が直接示されていることも少なくない。それをうまく汲みとるならば、対象者と対象者をとりまく世界を、生きいきと再構成することができるだろう。

（2）ただし、それは対象者の述べることを鵜呑みにすることでもないし、鸚鵡がえしにするということでもない。たとえば、Aが原因でBになったと解釈していても、調査者の視点からは異なった理解（解釈）の方が適切と考えられることもある。そのためには、対象者によって語られなかったことについて、あえて問いかけるとか、対象者とは異なる意見を提示してみることも必要になる。

いうまでもなく、「理解」に唯一の正解が存在するわけではない。同一の聴取調査の結果であっても、多様な理解が可能であろう。その中で、調査者自身はどのように理解したのかを、明確に示す必要がある。

(3) 以上から明らかなように、聴取調査について報告をするということは、調査でのやりとりをそのまま再現することではない。聴取調査についての議論(説得力)を支えることになる要因の一つは、あたかも調査対象者がその場で語っているかのような臨場感であることは間違いない。そこで、調査でのやりとりを延々と(しかも、読者にはほとんど理解できない方言もそのままに)再現した「調査報告書」もみられるが、これは「理解」を読者にまかせるという態度であり、調査者の責任放棄といわねばならない。

調査の報告は、調査者の「理解」を読者に「理解」してもらうためのものであり、調査者自身の言葉で述べるのが基本である。調査場面の再現も、その「理解」を助けるものとして用いられるべきであろう。

2・3　社会調査としての聴取調査

第一章において、「社会調査が明らかにしようとしているのは、注目する社会事象に関する、社会（または社会集団）自体の集団的特性である」と述べた。ごく少数、場合によってはたった一人を対象とする聴取調査は、「社会調査」としてどのような役割を果たしているといえるだろうか。たとえば、「高齢者の生活と意見」調査において、学生たちは自分の祖父母を対象者に選んでくることが多い。しかし、その調査報告が「私のおじいちゃん、おばあちゃん」の話に止まっているかぎりは、いかに対象者と対象者をとりまく世界が、生きいきと再構成されていたとしても、他人にとってあまり意味がない。せいぜいのぞき見的な興味をもつくらいであろう。

聴取調査が社会調査としての意味をもつのは、そのテーマや対象が社会性（これは「普遍性」といいかえてもよい）をもつときである。

事例調査

聴取調査はしばしば事例調査として理解されている。事例調査とは、本来対象であるべき多くの個体のうちから、ごく一部を選びだして、調査票調査などでは一般に困難な詳しい調査を行うことである。対象のごく一部を選びだすという点のみにかぎれば、たとえば第三章で述べたが、目標母集団のうちから限定された調査母集団に対する統計調査も事例調査であるし、調査票調査も事例調査として実施されることが少なくない。しかし、聴取調査の多くが事例調査として行われていることは間違いない。なお、社会調査の対象である集団は、いわゆる社会集団には限られない統計集団であると第一章で述べたが、聴取調査の場合も同様である。ただし、統計集団とよぶのは適当ではなく、社会的カテゴリー（たとえば老人層、同じ職業をもつ人びとなど）とよぶ方がよいであろう。

事例を選びだす基準として、第三章において、①代表性、②典型性、③先駆性をあげた。明示されていないこともあるが、聴き取り調査の場合でもこのいずれかが選択の理由となっている。

①代表性というのは、問題となっている社会事象に関して、他の個体と類似の特徴を共有しているという性質である。②典型性とは、社会事象に関する特徴が極端あるいは純粋な形で現れているという性質である。③先駆性とは、今後増大するであろう

と予想される特徴を有しているという性質である。

テーマの社会性

なお、聴取調査の意義はこのような事例調査に限られない。上のどの基準を採用するにしても、そこには数的背景の存在が前提になっていた。つまり、同じような特徴をもっていたり、同じような状況におかれていたりする多くの個体の存在が想定されている。それならば、ごく少数の人びとの苦しみなどは、少なくとも社会調査としての意味をもたないかといえば、そうではない。その苦しみは、代表性や典型性はもちろん、先駆性さえもたないものかも知れないものだとしても、少なくともそういう人びとが存在するということは、社会的価値としての平等や公平に、あるいは社会構造に問題を投げかける可能性をもっている。その意味で、少数者に対する調査が、大きな社会性をもつことも少なくない。

2・4　聴取調査のテーマと成果

このように考えると、①生涯にわたるような長い時間がかかわる個人のライフヒストリー、②外部からはなかなか知ることが困難な少数者集団、③何よりも事象の細密な探索が重要な社会問題（公害、災害なども含めて）、などが聴取調査に適したテーマとしてあげられるだろう。以下では、わが国の研究者によるその成果をいくつか紹介しよう。

中野卓『口述の生活史』（一九七七年）

著者が一九七〇年代の初めに岡山県の臨海工業地帯で公害についての調査をしているときに出会った、当時八二歳のおばあさんに対する聴取調査の記録である。調査で訪れるたびに話を聞くことを繰り返して、その結果をまとめた。

対象者の生まれる以前の先祖の話から始まって、現在に至るまでのさまざまな出来事から構成される生活史（ライフヒストリー）である。その後の生活史研究が盛んになるきっかけともいうべき記念碑的成果といえる。

形式は、最初から最後まで、おばあさんが語る形になっている（従って、方言もそのままである）。ほとんど手を加えていないと書かれている。

このおばあさんは、何度も夫との離別や死別を経験したり、朝鮮に渡って苦労したりするなど、「波瀾万丈」ともいうべき生涯を送った人で、小説を読んでいるような迫力があるが、彼女の話に著者はどのような意味を見いだしたのだろうか。多分、個人のさまざまな経験を通して、従来からの政治史や経済史とは別の光を、日本の近代史にあてることができると考えたのだろう。そのことは、本文の多くの箇所に細かい活字でつけられた注釈をつないで行くとわかってくるのだが、きちんと本文として記述すべきではなかったのだろうか。

佐藤郁哉『暴走族のエスノグラフィー』（一九八四年）

エスノグラフィー（ethnography）というのは文化人類学などの用語で、「民族誌」などと訳される。文化人類学では、研究者が異文化社会へ出掛けて行き、そこで暮らしながら調査記録（エスノグラフィー）をまとめるが、それと同様の方法でまとめられた異色の成果である。

著者によれば、暴走族的な若者集団は多くの車社会でみられるけれども、参加者がとびぬけて多いのが日本の特徴である。この暴走族に対するみかたは、「非行集団」「落ちこぼれ」というみかたと、「管理社会や抑圧的な体制に対する捨て身の反抗者」というみかたの両極端にわかれている。筆者は、暴走族の若者と局外者の通訳をめざすとしている。

著者は、暴走族活動を、若者たちが自らの手で生活に一定の秩序と意味を与えていこうとする営みとしてとらえて、①暴走の最中の「スピードとスリル」とは、一体どのような経験内容なのか、②ファションやスタイル、車の改造、おどろおどろしいグループ名にはどのような理由や意味があるのか、③マスコミのセンセーショナルな報道の背景にあるのは何か、④なぜ多くの若者が参加していったのか、⑤「卒業」(活動をやめること)の意味、などの問題を検討している。そのため、京都市内にある一つの暴走族集団と一年間にわたってつきあい、暴走や会合の様子の観察、メンバーやメンバーOBに対する、聴取調査と調査票調査などを行って、本書をまとめている。

このように、聴取調査は、調査票調査、参与観察など、他の調査方法と組み合わせて用いられることによって、大きな成果をあげていることが少なくない。研究法や調査法などの議論では、しばしば調査票調査と聴取調査を対立的にとらえているものも少なくないが、現実の調査や研究の場面では、むしろ補完的に用いられることが多いし、大きな成果の上がる可能性も高いことを知ってほしい。

西城戸誠他編『震災と地域再生』（二〇一六年）

二〇一一年の東日本大震災からの復興と再生の過程についての調査である。

宮城県旧北上町は、死者・行方不明者二七六名をはじめとする大きな津波被害を受けた。北海道大学所属・出身の著者たちは、同町において北上川岸のヨシ原を中心とする自然資源の利用と地域組織や制度に関する調査を、震災以前から進めていた。震災後は、学生ボランティアの派遣、住民の集団高台移転に関するワークショップを開催し、住民相互あるいは住民と行政の間のファシリテータとして、合意形成のための支援活動などに携わった。他方で、北上町復興集中調査として、各集落の被災者から、集団移転の問題を中心にしながら、震災前・震災後の生活、今後の自身・家族・地域社会などについての聴取調査を実施した。本書は、それらをまとめたものである。支援活動に参加しながら、そこでの見聞をまとめていく「実践的調査」と著者たちは自称している。

具体的なテーマは、居住、漁業、農業、コミュニティ、復興支援に分けられて、それぞれ、歴史、被害状況、住民や行政の動向、復興の現状・課題・見通しなどについての調査者によるまとめ（概説）と、二〜三名の調査対象者からの「聞き書き」から構成されているのが特徴である。「聞き書き」は、聴取調査の内容を対象者自身の発話の形式に調査者がまとめ直したもので、住民だけでなく支援者、行政担当者なども含まれている。もちろん、本書は「復興」をテーマとしたものであるが、生い立ち、被災時の記憶、現在の生活などを含めて語られているので、それぞれの人びとの復興にかかわる決断や行動、考えなどが理解しやすく、説得力のあるものになっている。

注　「高齢者の生活と意見」調査の全質問項目は以下のとおり。

①あなたのお父さん、お母さんはどんな方でしたか?（職業、暮しむき）
②小学校に上がる頃の思い出はありますか?（楽しかったこと、うれしかったこと、悲しかったこと、苦しかったこと、恐ろしかったこと）
③学校時代（小学校、中学、高校、大学）の思い出は?（同右項目）
④学校を出てから最初の仕事に就いたいきさつを教えて下さい。
⑤その後、結婚までの生活は?（どんな仕事をしていたか、楽しかったこと、苦しかったこと）
⑥結婚されたのは何歳（昭和何年）のときですか?　結婚のいきさつは?
⑦結婚後の暮しむきは（本人と配偶者の職業、子供の養育、儀父母との関係）

⑧戦争中や戦争直後の思い出は何かありますか？（兵役、死亡者、戦災、疎開、敗戦後の社会や生活など）
⑨お宅にテレビが入ったのはいつ頃か憶えておられますか？　その頃の暮しの様子はどんなでしたか？
⑩この他、これまでの人生でとくに忘れられない経験などありますか？（成功、失敗、病気、事故など）
⑪子供との同別居のいきさつは？
⑫現在の子供とのゆききの状態は？
⑬最近の生活状態は？（健康状態、現在の仕事、家庭内での役割、家庭外での役割、趣味や楽しみ、現在の幸福感、暮しで困っている点、生活費と小遣い、最近でうれしかったこと・悲しかったこと、今一番気がかりなこと）
⑭これからのことで、これだけはしておきたいこと、こうなりたくないと思っていることがありますか？
⑮もう一度生まれ変われるものとすれば、どうなりたいですか？（後悔していること）
⑯信仰をもっていますか？
⑰現在の若者への忠告は？（若い男に対して、若い女に対して）
⑱政府や自治体への老人政策についての注文は？
⑲長寿のひけつは何でしょうか？

◉第六章

社会調査の現在

最終の本章では、これからの社会調査のありかたに大きく影響すると考えられる、二つのトピックスをとりあげて議論する。

第1節（情報メディアと社会調査）でとりあげるのは、情報機器やコンピュータの能力向上と普及である。これまでの古典的な調査法がもっていた難点を改善する可能性がある。また、自由回答のようなテキストデータの分析の可能性も拡げるが、限界ももっている。

第2節（調査者と被調査者）では、調査回収率低下の問題をとりあげ、調査非協力増加の背景にある、調査者—被調査者間の関係の問題点を明らかにする。これを踏まえて、社会調査を企画・実施すること、社会調査に協力・回答することの意味について考える。

1　情報メディアと社会調査

1・1　電話調査とインターネット調査

今日の社会調査のありかたを考える場合、急速に発達する情報メディアとのかかわりを無視することができない。紙（調査票）と鉛筆をもった調査員が一軒ずつ訪問するという古典的な社会調査のイメージは変革を迫られている。

広く利用されている電話（?）やインターネットも情報メディアといえるが、第三章で指摘したように、目標母集団と調査母集団との関係という点で問題をもっている。また、第二章で重要性を指摘した調査場面のコントロールも困難である。それにもかかわらずこれらの調査法が採用されるのは、個別訪問面接調査に比べて実査の費用が安価であることに加えて、迅速性という点で優れており、標本抽出、実査、集計などの時間が大幅に短縮できるからである。

一般に、社会調査の企画から結果の報告までには、かなり長い時間がかかる。大規模な調査ほどそうである。たびたび引用するＳＳＭ調査のような全国調査（一九九五年）

の例を想像してほしい。三三六の調査地点（投票区）に調査員が一人ずつ派遣され、二四人の調査対象者を訪問する。実査の時間に加えて、移動、協力拒否者や不在者の再訪問なども必要だから、調査が実施できるのは多くても一日一〇人が限度だろう（実際には、全国一斉に行われるわけではないので、実査期間は一～二ヶ月にわたる）。完成した調査票が集められ、点検、コーディング、データファイルの作成を経て、集計が始まるのは早くても実査から半年後だろう。さらに、報告書の出版まではほぼ五年を要している。

しかし、このようなペースではまったく意味をもたない調査もある。たとえば、市場調査、マスコミが行う政治意識調査などであり、何年とか何ヶ月とか前ではなく、現在の状況が問題となるのである。さまざまな問題点は犠牲にしても、迅速性（速報性）を優先せざるを得ないだろう。

やや異なる利用法ながら、選挙の際の出口調査も迅速性の求められる調査である。投票終了時刻の頃までに結果がまとまっていなければ、選挙報道も成り立たないだろう。投票所に配置される調査員が携帯電話やタブレットPC（モバイル・コンピュータ）をもち、これを端末として回答を入力して行けば、直ちに集計本部にデータとして集積できる。また、調査終了時刻を遅くして、調査のカバーできる投票時間を拡張することが可能になる。

1・2　コンピュータ支援調査

情報メディアの発達は、従来の調査のありかたにも変化と改善をもたらす可能性がある。それがコンピュータ支援調査であり、パソコンやタブレットPCを積極的に利用する。

コンピュータの活用方法は多様であろうが、基本形はインターネット調査に近い。ただし、きちんと無作為抽出された標本を対象とする。調査対象者は自宅で自分のパソコンや貸し出されたタブレットPCを使い、画面や音声の指示に従って回答を入力する。従来の調査票調査との中間形態として、調査員が対象者を訪問し、持参したタブレットPCを使いながら回答を得るという方法もある。コンピュータを使い慣れていない人も少なくないという状況を考えれば、有効な活用法といえる。

貸し出し用や調査員の携帯用のタブレットPCや、ソフトウェア開発のための費用の問題は別にすれば、コンピュータ支援調査でどのような改善が可能になるのか考えてみよう。その場合、基本形は第二章でとりあげた留置調査の、中間形は個別訪問面接調査の変型といえるから、それぞれの調査法の短所がどう改善されるかが問題となる。なお、実査・集計の迅速化の可能性については先に述べたので、ここでは触れない。

調査票の電子化

調査票には、すべての質問が印刷されているけれども、回答者がそのすべてに回答する必要はなかったり、回答してはならない質問が含まれていたりすることは多い。たとえば、いわゆる枝問形式で、問1に「はい」と答えた人は、問2、問3と進んで行くのに対して、「いいえ」と答えた人は問2をとばして問3へ行く、というような場合である。

個別訪問面接調査の場合、正しい順序で質問を進めて行くことは調査員の重要な役割である。留置調査の場合には、回答者が順序を間違えて、必要な回答が得られないという危険はゼロではなく、あまり複雑な構造の調査票は避けるべきだとされる。

これに対して、コンピュータ支援調査では、質問はコンピュータの画面に表示されるが、必要な質問だけを正しい順序で表示して行くことが可能である（この点は、インターネットでチケットの購入をしたり、利用者登録をしたりする場合をイメージすればよいだろう）。回答者はもちろん、調査員にとってもメリットは大きい。

選択肢提示のランダム化

選択回答法の場合、調査票には回答の選択肢も印刷されていることはいうまでもない。個別訪問面接調査では、選択肢の数が多い質問については、それだけを大きく印刷した「選択肢リスト」を別に用意して、質問の際に調査員が提示するのが普通である。

ところで、第二章の質問文例の問Fをみてみよう。選択肢1〜6には、大小とか前後というような序列関係はない。そのような場合、逆に並べ方による影響、たとえば最初のものが選ばれやすいとか、最後のものが選ばれやすいというような影響はないだろうか。その影響を排除するためには、すべての並べ方の組合せのリストを用意して、調査員がランダムに引き抜いて回答者に提示するという方法が考えられるが、調査票調査の場合には現実的ではない。コンピュータ支援調査の場合であれば、回答者ごとに並べ方をランダムに変えて表示するのは、決して難しいことではない。

調査員の影響排除

第二章において、個別訪問面接調査では面接者が回答に影響を与えてしまう可能性のあることを指摘した。コンピュータ支援調査の基本形の場合、調査員がいないのだからその可能性はない。しかし、調査員の重要な役割である調査場面のコントロールが不可能になるので、留置調査や郵送調査と同様に、身代わり回答、周囲の口出しなどの危険が避けられない。

なお、調査員が介在する中間形の場合であれば、タブレットPCに表示された選択肢リストをみせて、口頭ではなく画面にタッチする方式にすることにより、調査員に内容を知られることなく回答してもらうことができる。調査員による調査場面のコントロールの重要性を考えれば、むしろこちらのほうが理想的といえるかも知れない。

以上に加えて、他の調査法では得ることが困難な付加的情報を、コンピュータ支援調査から取得できる。たとえば、選択肢リストを提示してから回答が入力されるまでの時間を測定して、それを回答の確信度の指標として用いたり、質問文や選択肢の改善資料としたりすることが提案されている。

1・3　テキストデータの統計分析

情報処理機器としてのコンピュータの利用は、まず集計と分析から開始された。とりわけ、パソコンの普及と相対的に安価で優れたさまざまなソフトウェアの開発によって、基礎的な集計・分析だけでなく、以前は統計分析の専門家に依頼せざるを得なかったような高度な多変量解析も、多くの人びとが自力で行うことが可能になっている。

情報処理技術の発達は調査データの保存方法にも変化をもたらした。調査に用いられた調査票は、できれば保存しておくのが望ましい。後になって異なった視点から分析しようとしたとき、場合によっては、調査票まで戻って再コーディングが必要になる。しかし、大規模な調査であるほど調査票の分量は膨大になり、保管場所の確保が容易ではないため、貴重な調査データが廃棄されざるを得ないのが現実であったが、電子画像ファイルとしてコンパクトな形で保存することが可能になった（図6－1）。

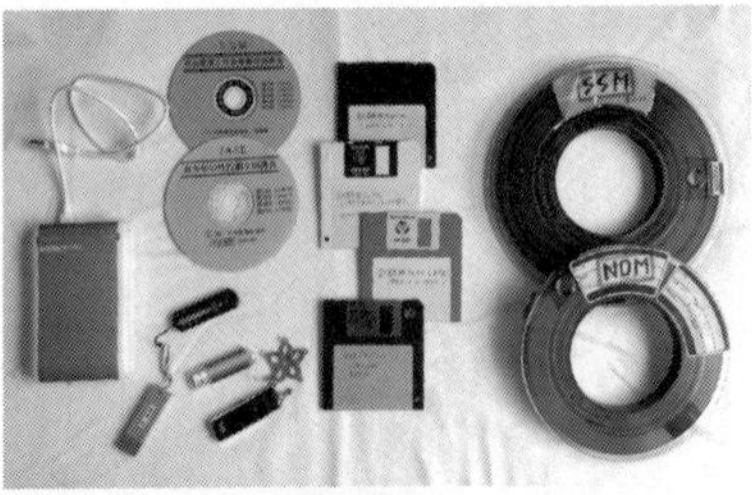

図6-1　電子データ媒体の今昔

なお、近年の注目すべき動向として、自由回答データ分析法の進展がある。この方法は、新聞記事・演説・小説などのテキスト（文章）データの分析とも共通しており、体系化されつつある。

テキストデータのコーディング

テキストデータの統計的分析法としては、従来から内容分析法（content analysis）というものが知られている。しかし、この方法が自由回答の分析などにあまり用いられてこなかったのは、コンピュータ処理が可能になるよう回答を数字や符号に置き換えるコーディングの方法に問題があったからだと考えられる。多くの場合、それぞれの回答をあらかじめ設定したいくつかのカテゴリーに分類するという方法がとられてきた。しかし、これは選択回答法と変わりがなく、文章に含まれているかもしれない多くの情報が生かされないことになる。また、対象が長いテキストであるほど、コーディング自体の信頼性（誰がやったとしても同じ結果が得られるかどうか）についても、疑問が投げかけられることが多かった（第二章も参照）。

そこで、現在進みつつある一つの方向は、テキスト中の言葉に着目して、その言葉の有無をコーディングしていくというやりかたである。言葉を決めてしまえば、コンピュータを用いて確実かつ迅速に作業を行うことができる。さらに、その結果にもとづいて、一つのテキストの中に、どの言葉とどの言葉が同時に存在しやすいかや、どのテキストとどのテキストで共通の言葉が用いられているかなどを集計するソフトウェアが、いくつも開発されている。また、プログラミング技術の発達によって、単語のみではなく、単語を含んだ文の処理なども可能になっている。さらに、文章中の重要な単語や文章を拾い出す技法も進歩している。

職業の自動コーディング

この技法はデータ分析のみでなく、データ処理の段階でも役立つ可能性がある。

ＳＳＭ調査に参加している研究者たちによって、職業の自動コーディングの開発が進められており、実用化の直前にある。ＳＳＭ調査では、従業先の名称・事業内容・従業員数、本人の従業上の地位・仕事の内容について質問し、これらの回答を組み合わせて約二〇〇種類の職業名に分類される。そのうち、従業先の名称と事業内容、および最も重要な情報である仕事の内容は自由回答形式である。ＳＳＭ調査は、「職業」がこの調査のキー概念であることにもよるのだが、コーディングのコストは膨大で、多くの時間と労力を必要とする。現職、父職、母職、さらには初職から現在までの職歴を漏らさず尋ねるから、一票あたりの作業量は国勢調査よりずっと多いし、苦労も大きい。

職業の自動コーディングは、「言語」に対する工学的アプローチである自然言語処理研究の成果を取り入れて、これを自動的に行おうとするシステムである。国勢調査などにも実際に用いられれば、時間的・経済的コストの節減に大きく貢献することになるだろう。また、コーディング担当者（コーダー）自身、あるいはコーダー間の判断基準のブレという問題もクリアできる。諸外国でも研究が進んでいる。

対日イメージの分析

ただし、これらの動向から、自由回答などテキストデータの分析が、選択回答データのように、ある程度定式化した方式で進められるようになると予想するのは早計だろう。市場調査のように目標が明確な場合、職業コーディングのように正解のある場合、比較的短いテキストの場合などは、そう予想できるかもしれない。しかし、もっと長文の場合などに、単語や文に着目するだけでテキスト全体としての特徴を把握できるかどうかについては、議論のあるところである。また、そのテキストがある対象

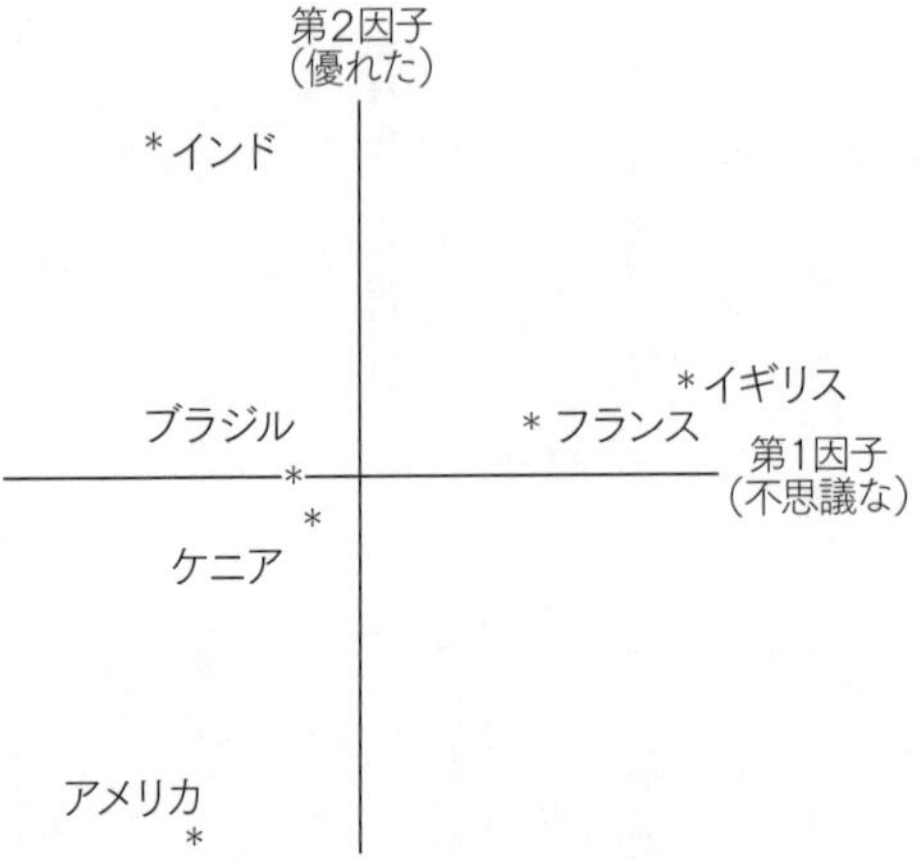

図6-2　作文に見られる各国の位置づけ（因子分析）
（出典　辻村明・飽戸弘・古畑和孝編『世界は日本をどう見ているか』1987年）

に関して「好意的」でもあり「非好意的」でもあるというような、矛盾的要素を含んでいる場合はどうだろうか。

ここでは、こうしたテキストデータのコーディングの難しさに、やや異なった視点から挑戦した、筆者の研究例を紹介しておくことにしよう。

この研究は、対日イメージ研究（一九八四年）の一環として、図6-2中の六ヶ国四〇六人の一四歳の生徒たちに書いてもらった作文を分析したものである。作文のテーマは「日本」あるいは「日本人」というものであり、日本語に翻訳した長さは、平均八〇〇字弱であった。

テキストデータのコーディングの信頼性は、一般に分類するカテゴリー数が多くなるほど低下する。また、「好き」か「嫌い」かというように、排反的な分類を行おうとしても、両方の要素が含まれているということも少なくない。そこでこの分析では、「好き」「嫌い」「独創的」「模倣的」等々、どちらかといえば抽象的な概念を設定し、それに該当する内容がテキストの中に含まれているか否かを「あり1」「なし0」でコーディングを行った。「好き」と「嫌い」のように相反する内容が同一のテキストの中に含まれていても、一向に構わない。あくまでもテキストを対象にしつつ、「あり1」「なし0」という単純なコードの設定によって、コーディングの信頼性を高めるよう工夫したものである。

図は、このデータの多変量解析（因子分析法）によって、各国の作文を位置づけたものである。作文の特徴は、図のように二つの軸に整理できる。横軸は、日本や日本人を「不思議な」「不可解な」ものとみる傾向で、イギリスやフランスにその傾向が強い。縦軸は、「（工業技術に）優れた」国とみる傾向である。インドにその傾向が強く、アメリカは逆端に位置する。筆者はこれを対日イメージの「ヨーロッパ型」と「アジア型」と名づけた。

インド一国の位置からアジア型と名付けるのは、やや無理があると感じられるだろう。実は、縦軸のもう一つの特徴は、「優れた」というイメージが「親しみのもてる」というイメージを伴っていない点にある。そして、日本に対する反感や排日運動の拡大という、当時のアジア諸国における状況と関連づけて、生徒たちの「優れた」という憧れに似た気持ちも容易に反感に変わりうるし、大人たちの反日的な気分にも、生徒たちにみられた憧れに近い気持ちが潜んでいるのではないかと考え、縦軸の特徴と合致することから「アジア型」と名づけてみたのである。

2　調査者と被調査者

2・1　低下する調査回収率

社会調査において高い回収率を達成することは、成功のための大前提である。とりわけ標本調査においては、第三章でも述べたように、低回収率は理論上深刻な問題を引き起こす。しかしながら、今日の社会調査は低回収率にあえいでいる、というのが現実である。

たとえば、一九五五年から一〇年ごとに続けられている「社会階層と社会移動全国調査」（SSM調査）の場合でみると、八一・七％→七一・九％→六九・三％→六三・三％→六七・五％と回収率は変化してきている。一九九五年（第五回）でややもちなおしたとはいうものの、基本的には低下傾向にあり、二〇〇五年調査（第六回）では四四・一％と、残念ながら五〇％さえ割ってしまった。

「格差社会」とか「格差拡大」の問題に関連して、SSM調査のあるリーダーは、所得格差に関する経済学者の議論が世帯を単位としており、しかも対象に含まれない世帯（職業）の存在する調査データであることを批判して、研究者が独自に標本設計したSSM調査データは、有効サンプル数がやや小さい点を別にすれば、「個人を単位とする全国標本であって、サラリーマン・農業・自営などすべての職業および無職学生を含めて、その時点の当該人口からの信頼しうる標本になっている」という優れた特性をもっていると述べた。しかし、こうした自慢は通用しなくなってきている。つまり、調査環境の悪化の中で、計画標本と有効標本の乖離が大きくなって、分析対象（有効標本）をランダムサンプルであるということが、ますます困難になってきているからである（第三章2・1節参照）。

調査の回収率が低いということは、調査不能となる対象者が多いということである。調査員が調査対象者名簿に従って訪問したとき、調査できないのは次の二つのうちのいずれかの理由による。

①調査対象者はその住所に居住しているけれども、仕事、旅行、入院などで不在のため面会することができない。②調査対象者に協力を拒否される。

なお、③調査対象者がすでに転出していたり、死亡していたりして、その住所には居住していないという場合もあるが、これは本来選ばれるべきではなかった人であり、あらためて選び直される性質のものであるから、調査不能とはいえない(現実には、標本抽出の際に何人かを予備標本として抽出しておき、これを調査対象に振り替えるのが普通である)。

なお、この低回収率(調査不能)は一様な形で発生しているわけではない。調査対象者の属性によって、(ア)大都市居住者ほど、(イ)女性よりも男性の方が、(ウ)低年齢層ほど、回収率は低くなる傾向のあることが知られている。この傾向は、時代にかかわらず一貫しており、主に①の理由との関連で理解できる。大都市ほど回収率が低いのは、流出入などの移動が頻繁であること、雇用者化が進み少なくとも昼間は家を完全に離れる人が多いこと、などによるものであろう。男性よりも女性の回収率が高いのは専業主婦の協力可能性が高いことによるものであろう。また、高年齢層の回収率が高いのは、仕事をもたず在宅している人の割合が多いことによるものであろう。今後は、雇用者化が一層進むだけでなく、朝から夕方までという標準的な形態以外の労働も増加すると考えられるし、有配偶女性の職業進出も増大することが確実であるから、回収率の低下はある程度は避けられないだろう。

調査方法についても柔軟な工夫が必要となる。たとえば、つねに訪問面接調査にこだわるのではなく、郵送調査との混用も許容するとか、調査票を郵送した後、調査員が戸別に回収して回るなどの方法は、すでに多くの調査で採用されている。調査技法の研究、たとえば郵送調査における回収率（返送率）を高めるための研究なども進んでおり、今や訪問面接調査よりも郵送調査の方が回収率は高くなっている、という主張もある。

また、調査不能がランダムに発生するわけではないとすれば、単に標本規模を大きくすることによって回収数を増やしても問題は解決しないのである。

2・2　協力拒否の増加

面会不能の増加以上に深刻な問題は、仮に調査対象者と面会することができたとしても、当人から強い反発を受け、協力拒否にあうことが多くなってきているということである。国勢調査でさえ、近年は協力を得ることが難しくなってきている。

調査対象者の社会調査に対する反発は、基本的には、突然未知の調査員に踏み込まれ、貴重な時間を割いて、答えたくもないことを答えさせられる、ということに対する反発であろう。これに対しては、充分礼を尽すのは当然であり、協力には金品で謝礼をするのが常識となっている。しかし、社会調査に対する反発には、このようないわば形式的な対応を要求するもの以上の、調査者と被調査者の関係にかかわる重大な問題が含まれている。

回答者のプライバシー

社会調査に対する反発の理由の一つは、調査という活動が多少なりとも調査対象者のプライバシーを侵害するという性質をもっている一方で、人びとのプライバシーに対する関心がたかまってきたことにある。調査対象者に対して、プライバシーが保持されるように最大限の努力がはらうことを誓約するのは当然であるし、場合によっては、その方法を具体的に説明する必要がある。社会調査において調査対象者のプライバシーを守るというのは、具体的には、調査結果の公表や調査データによって、個々の回答者が特定（逆探知）されないようにするということである。そのためには、少なくとも以下のような処置を確実にとる必要がある。

第一に、調査データの管理を厳重に行い、他人に悪用されないようにすること、調査員同士が担当の調査対象者について必要以上の情報交換を行うのを禁ずることなどは、当然のことである。

第二に、調査終了後は、調査対象者名簿と調査票や調査データ（調査結果をコーディングして電子ファイルなどとして記録したもの）との間のつながりを完全に断ち切る必要がある。企業が行った調査などの後で、調査データから商品の購買可能性の高い人をさがし出し、ダイレクトメールが送られるということをよく耳にするが、これは明らかに調査の悪用である。

具体的には、調査データから、調査対象者を識別するためにつけられた番号、記号などを抹消し、調査データをランダムに並べかえて、調査対象者の並び順を変えてしまうこと、また、補充調査や再調査の必要がなくなった時点で、調査票上の回答者名や細かい住所（町名、番地など）を消してしまうこと、などを行うのがよい。

第三に、結果の公表の際にも、細心の注意が必要である。ある分類カテゴリーにコードされる者が一名とか二名と、ごく少数である場合、そのまま公表してしまうと、調査対象者が特定されてしまうことがある（たとえば、農村とか企業における全数調査などの場合を想像せよ）。このような恐れのある場合、原則的には、分類カテゴリーを統合するなどして公表すべきである（第五章も参照）。

調査のブラックボックス化

社会調査に対する反発のもう一つの理由は、貴重な情報や他人には知られたくない情報が、「調査」という日常生活とは異質な仕組みに吸い上げられてしまい、どう扱われるのかわからないという感覚にもとづいているのではないか。いわばブラックボックスに対面しているのである。

この不安を払拭するためには、誰がどのような目的で調査をやろうとしているのか、あらかじめ明らかにしなければならない。そして、その調査がなぜ必要であるかという理由も明確に説明されなければならない。一般の人びとにとって、この点が自明ではないことが多く、社会調査に対する反発を生む原因になっていると考えられる。そして、この点を明確にできないような調査、たとえば意図のあいまいな調査や好事家的な調査などは、厳に慎しむべきであろう。

また、筆者も含めて調査研究者は、一般に、調査を実施するために調査対象者の協力を得ることには熱心だが、調査後はデータの処理や分析に大半のエネルギーをとられて、調査対象者に対しては、調査のやりっぱなしということになってしまう傾向が強い。あとで調査報告が公表されるとしても、マスコミなどでとりあげられる場合を除けば、一般の人びとの眼に触れる機会は少ない。したがって、調査対象者にとっては、調査のやられっぱなしということが多く、社会調査に対する不信と反発の一因となってしまう。

一体、調査によって得られたデータは誰のものかということについては議論のあるところだが、少なくとも調査対象者が調査結果について知ることは、当然の権利である。調査者の側にとっても、調査結果を知らせるという形で、協力に対する還元を行なうことは、最低の義務であろう。事実、多くの調査者が、調査結果をわかりやすく要約したパンフレットなどを作成し、調査協力者に送るようになっている。また、地域住民を対象に調査報告会が開かれる場合もある。

2・3　社会調査に加えられる規制

こうした社会調査に対する反発を背景にして、社会調査をとりまく具体的な環境も急速度で変わりつつある。一つは社会の側から加えられる制限であり、もう一つは調査者組織による倫理的規制の動きである。

標本抽出台帳の閲覧制限

とくに一般市民を対象とする社会調査において、これまで標本抽出台帳として用いられてきたのは、住民基本台帳と選挙人名簿であった。しかし、二〇〇五年の個人情報保護法の施行を契機に、これらについて閲覧制限が加えられることになった。社会調査との関連でいえば、住民基本台帳の閲覧は「公益性の高い世論調査と学術調査」に、選挙人名簿の閲覧は「政治・選挙に関する世論調査や学術調査」に限定されることになった（↓注）。

この制限は、市場調査などにとっては大きな打撃であり、住民基本台帳や選挙人名簿を用いない標本抽出法が用いられるようになってきた。住宅地図を用いる方法と電話調査のためのＲＤＤ法（第三章参照）である。しかし、第三章でも述べたように、単純に従来の標本抽出法の代用とはいえない問題点を抱えている。なぜなら、これらの方法では、一般に「世帯」→「個人」という二段抽出を行うが、各世帯員数が異なっているので、最終的に各個人が標本として抽出される確率は同一とはいえないからである（たとえば、夫婦世帯と単身者世帯）。

また、固定式電話は普及率が高く、その電話番号（局番）によって地域の限定も容易であるから、ＲＤＤ法で用いられてきた。しかし、移動式電話（携帯電話）への移行が進むとそれも困難になる。電話調査で回答してもらうためにも、ある程度落ち着いた環境が必要であるが、携帯電話ではそれも難しいことが多いだろう。

インターネット調査でよくやるような、あらかじめ調査協力者を募って調査対象者のプールを作っておき、そこから標本抽出するという方法はどうだろうか。一種の多段抽出であり、たしかに協力拒否はないだろう。しかし、もともとのプールが応募者のみで構成されているから、少なくとも一般市民を目標母集団とする社会調査に用いるのは困難である。それにもかかわらず、右に述べたような事情から、この方法を採用せざるを得ないのが現実だろう。

調査者組織による倫理的規制

調査者の側に可能な対応は、回り道のようでも、社会調査の質を高め維持して行くことにつきるだろう。しかし、掛け声だけでは押しつけがましい空元気の発散に終わってしまう。現実の調査に対する監視、調査にたずさわる者に対する教育が不可欠である。また、社会調査に対する理解を得るための宣伝活動も必要である。

こうした活動を行うために、学術調査に携わる多くの研究者が所属している三つの学会組織（日本社会学会、日本教育社会学会、日本行動計量学会）が中心となって、社会調査協会（当初の名称は社会調査士資格認定機構）が二〇〇三年に発足した。この協会では、まず社会調査を行うためにやっておくべき学習や訓練を標準カリキュラムとして決定した。そして、この標準カリキュラムを履修した人に対して、「社会調査士」（大学卒業レベル）または「専門社会調査士」（大学院終了レベル）の資格が与えられることになっている。この資格が社会に受け入れられて、多くの調査関係者が取得するようになれば、社会調査に対する信用を高めることにつながるだろう。

同時に社会調査協会は、社会調査を行うときに守るべき倫理綱領を定めた。同様の倫理規定を定める大学や調査機関も増えている。また、これまで研究者の自由が最大限に尊重されてきた大学の中には、医学や工学の実験と同様に、倫理規定にもとづいた事前許可制を導入するところも増えてきた。

倫理規定では、以下の五点がほぼ共通の要素となっている。

①事前に調査の目的・内容・方法を説明して、調査対象者の同意を得る（インフォームド・コンセント）。
②調査対象者に精神的あるいは身体的な苦痛を与えない。
③調査対象者の氏名、回答、あるいは調査によって知り得たことがらを他に漏らさない。
④調査の成果を私有せず、公開して社会の共有財産とする。
⑤法令を遵守する（コンプライアンス）。

なお、事前審査のための委員会などは、その組織に所属する社会学、心理学、倫理学研究者などによって構成されることが多いが、近年では、主に②と関連して、一般市民や医学関係者などの参加も義務づけられるようになってきている。

社会調査の現実への対応

ただし、反省や努力がすぐに状況の改善に結びつくかといえば、それは難しいだろう。社会調査の現実を直視するならば、調査結果がどこまで一般化可能か、つまり調査結果の質について各調査者が率直に述べることが必要だと思われる。

回収率が高ければ、調査母集団に関する統計的推測が可能になるが、逆の場合には、調査対象者（有効標本）の状況を明らかにしたにすぎない、ということも考えられる（図3-4を参照）。また、たとえば第四章でとりあげたJASE調査の場合、地域的には全国に散らばるように計画されているが、各地点における調査対象（学級）の選定は、毎回、困難を極める。なんとか協力してもらえる学校をみつけだして行っているというのが実情である。このようなデータで全国の青少年について論じようとしても、限界がある。

社会調査の現状からいえば、一般化可能性は当初期待されたものよりは狭い範囲のものとなることが多いだろう。しかし、類似の調査との比較を通して、総合的判断によって目標母集団に接近して行くことが、全体としての調査の質を高めることにもつながるのではないか。

2・4　社会調査活動を支えるもの

ここまで、社会調査に対する被調査者の反発、社会調査をとりまく環境の変化、調査者の側の対応について述べてきた。しかし、調査者と被調査者の関係構造、すなわち調査者が一般市民であったら許されない「特権」を被調査者に対して要求しているという構造は、実は何ら変化していないのである。

特権を要求する調査者

人びとのプライバシーに対する関心の高まりを当然のものとして受け入れつつ、われわれ調査者は人びとのプライバシーに踏み込もうとしている。あるいは、半ば「無理やり」人びとの生活に介入しようとしている。同じく社会について調べるにしても、遠巻きに観察しているだけならば、社会調査ほど強い反発は受けないだろう。また、実験の場合には、自発的な被験者を募るのが普通である。調査者は、他の人には許されない特権を人びとに対して要求していることになるが、この要求はしばしば強烈な拒否に出会う。

プライバシー開示の要求だけでなく、調査者が暗黙の内に要求している特権は他にもある。

社会調査は情報収集活動であるが、われわれが周囲をみまわして観察をするのとは決定的に異なっている。言葉による質問を行って回答を得る。質問はいわば回答者に対する刺激であり、その刺激が回答者に対して何らかの影響を及ぼす可能性を否定できない。それに対してわれわれ調査者は責任をとりきれない。調査者は被調査者に対して影響を与える特権を要求していることになる。

深刻な例で考えてみよう。筆者は、第四章で紹介したＪＡＳＥ調査に長い間参加し続けて、中学・高校・大学生に対する調査を行っている。性の問題は個人の最高度のプライバシーに属するだけに、なかなか協力が得られにくい。(とくに中学生に関して)「寝た子を起こすな」というような主張は、素朴ではあるが強烈に調査の影響の問題をいいあてたものであろう。また、個々の質問では、さまざまな性的経験や性的被害などについて尋ねているのだが、それらは思い出したくないものであったり、トラウマとなっているものであったりすることが少なくない。いかに注意深く作成されたとしても、質問が二次的ダメージを与える可能性がある。

特権要求の典型例をもう一つだけあげておけば、社会的対立場面における調査活動である。現代社会を特徴づける現象の一つは、経営者対労働者、行政対住民、企業対地域社会、生産者対消費者、男性対女性など、非常に錯綜した形で、しかも恒常的に出現する対立と抗争である。それらは、当然、社会調査の重要な主題となるが、調査者がどのような立場から調査研究を行うのかということが、調査対象者たちによって鋭く問われることになる。「公平な中立者」として安易に自己を位置づけることは許されず、むしろ不信と拒否を招くことになるだろう。なぜなら、それは対立の渦中にあったならば許されない特権者の位置に立とうとすることに他ならないからである。

調査者がその問題（対立）に首を突っ込もうとするならば、社会の一員としてその問題を引き受ける必要がある。問われたならば、その問題にどうかかわろうとしているのかを答える必要があるし、自己の立場を明確にした結果、調査を拒否されて引きさがるとしても、それは決して不名誉なことではないだろう。

社会調査を支える信念——何のための社会調査か？

さまざまな社会的抵抗、抱える問題点にもかかわらず、われわれがそれを続けるのは、社会調査という組織だった情報収集活動が、個人の耳目をこえた認識をもたらしてくれるからである。しかし、それはあくまでも調査者の側の都合であり、被調査者との関係でみたときに、上で述べたような特権はどうであれば許容されるのだろうか。筆者は的確な回答をもちあわせていないというのが、正直なところである。

社会調査を支えるのは、用途はさまざまであるとしても、究極的には人びとを「豊かにする」という信念であると、あるいはそういう信念に支えられねばならないと、筆者はとりあえず考えている。ただし、ここで「豊かさ」というのは、物的な意味だけではない。たとえば、健康もそうであれば、「この社会はどうなっているのか」という、多くの人びとがもっている知的欲求が充たされることも含まれる。また、長期的視野も必要である。すぐには役立たない情報も、長期的に累積されることによって役立つものとなる可能性がある。

具体的な例について述べてみる。ＪＡＳＥ調査への協力が得られにくいことは、先に述べたとおりである。それにもかかわらず、このような調査を続けていこうという気持ちを支えているのは、その知識が青少年の精神的および肉体的健康につながるという信念にあるように思われる。

逆に、社会調査が人びとを「豊かなものにする」ということが明白であれば、協力も得やすいのではないか。たとえば、わが国で最初の福祉調査ともいうべき、第一章で紹介した高野岩三郎による「職工家計調査」が、労働者中の希望者に対して実施されたことを想起してほしい。調査に応じた労働者は、そのことが労働者の生活の向上に役立つと考えたから、協力したのではないだろうか。

もちろん、調査によって得られた情報がどう使われるかは、調査者だけで決められるわけではない。また、「豊かにする」かしないかは、簡単に決まるものではない。今はそのことに役立たないと思われることでも、将来は役立つものとなる知識もあるし、その逆もあり得る。また、「誰を」豊かにするのかという問題もある。

それよりも、個々の調査者が自分で「(知的な意味で)面白い」と思う問題を追究することが、究極的には人びととの豊かさにつながるのだ、という主張にも一理ある。たしかに、「面白くない」調査はやる気が起こらないだろう。しかし、マクロにはその主張が真実であるとしても、「面白さ」だけで個々人を社会調査という困難な課題に挑戦し続けさせることができるだろうか。どこかで、人びとを「豊かにする」という信念がそれを支えることが必要だと、筆者には思われるのである。

なお、研究者のように、社会調査にある程度自発的にかかわることのできる人もいれば、業務として、あるいは命令によって社会調査にかかわらざるを得ない人もいる。後者のような人びとの場合、どのような調査なら「元気に」かかわることができるだろうか。考えてみてほしい。

調査協力の意味

最後に、政治を中心とする世論調査を例にとりあげて、われわれが回答者として調査に協力することの意味について考えておこう。

民主主義社会においては、市民の意見を政治に反映させるためのさまざまな社会的装置が存在する。選挙制度はその最も重要な直接的装置であるし、世論調査もまた間接的ではあるが重要な装置である。もちろん、選挙の場合には不正などがないこと、世論調査の場合には正しい方法で行われたものであることが、それらがちゃんと機能するための前提である。

しばしば、「世論調査の内閣支持率が二〇%を割ると政局が不安定化する」といわれる。これは、何らかの政治的問題の深刻化（Z）という共通原因が、内閣支持率の低下（X）と政権抗争の激化（Y）を引き起こすという、疑似相関関係が基本的な構造であると考えられる。しかし、$X \rightarrow Y$という直接の影響も無視できないだろう。

その場合、もし世論調査が本書で述べたさまざまな観点から問題のあるものだとしたら、とりわけ回収率が極端に低いものであったとしたら、社会の状況を正しく伝えているとはいえない。むしろ、政治的扇動者の役割を担ってしまうことになる。「はじめに」でも述べたように、よい調査とよくない調査を的確にみわけるとともに、よい調査には積極的に協力して回答者となることが、われわれには求められている。

注

①閲覧制限の基準を緩めることに加えて、②許可した自治体によって公表される閲覧情報の中から、「抽出された住民の範囲」を除くこと（抽出の対象になった〇〇町△△丁目とか、投票区などが特定されないように）が、社会調査の健全な発展のために強く望まれる。

参考文献

第一章

内閣総理大臣官房広報室（編）『世論調査年鑑——全国世論調査の現況』大蔵省／財務省／国立印刷局、毎年刊
社会調査協会（編）『社会調査事典』丸善、二〇一四年
佐藤正広『国勢調査　日本社会の百年』岩波書店、二〇一五年
ジョン・ハワード（川北稔・森本真美訳）『十八世紀ヨーロッパ監獄事情』岩波文庫、一九九四年
G・イーストホープ（川合隆男・霜野寿亮監訳）『社会調査方法史』慶應通信、一九八二年
多田吉三（編）『大正家計調査集1』青史社、一九九一年
林知己夫・西平重喜・鈴木達三『図説・日本人の国民性』至誠堂新書、一九六五年
W・F・ホワイト（奥田道大・有里典三訳）『ストリート・コーナー・ソサエティ』有斐閣、二〇〇〇年
石田淳『相対的剝奪の社会学——不平等と意識のパラドックス』東京大学出版会、二〇一五年
戸田貞三『家族構成』新泉社、一九七〇年

第二章

安田三郎・原純輔『社会調査ハンドブック〔第三版〕』有斐閣双書、一九八二年
『公聴手段としての電話意見調査法について』内閣総理大臣官房広報室、一九七六年

第三章

原純輔・浅川達人『社会調査〔改訂版〕』放送大学教育振興会、二〇〇九年
原純輔・海野道郎『社会調査演習〔第二版〕』東京大学出版会、二〇〇四年
西平重喜『統計調査法〔改訂版〕』培風館、一九八五年

原純輔・盛山和夫『社会階層』東京大学出版会、一九九九年

第四章

三輪哲・林雄亮(編)『SPSSによる応用多変量解析』オーム社、二〇一四年
盛山和夫『統計学入門』放送大学教育振興会、二〇〇四年
ハンス・ザイゼル(佐藤郁哉訳)『数字で語る――社会統計学入門』新曜社、二〇〇五年
盛山和夫『社会調査法入門』有斐閣、二〇〇四年
『若者の性はいま…――青少年の性行動第4回調査』(性科学ハンドブック3)日本性教育協会、一九九七年
佐藤博樹・石田浩・池田謙一(編)『社会調査の公開データ――2次分析への招待』東京大学出版会、二〇〇〇年

第五章

佐藤俊樹『不平等社会日本――さよなら総中流』中公新書、二〇〇〇年
原純輔(編)『流動化と社会格差』(講座社会変動5)ミネルヴァ書房、二〇〇二年
蒲島郁夫『政権交代と有権者の態度変容』(変動する日本人の選挙行動①)木鐸社、一九九八年
樋口美雄・太田清・家計経済研究所(編)『女性たちの平成不況――デフレで働き方・暮らしはどう変わったか』日本経済新聞社、二〇〇四年
林知己夫(編)『比較日本人論――日本とハワイの比較から』中公新書、一九七三年
NHK放送世論調査所(編)『図説・戦後世論史〔第二版〕』日本放送出版協会、一九八二年
佐藤郁哉『フィールドワーク――書を持って街へ出よう』新曜社、一九九二年
中野卓(編著)『口述の生活史――或る女の愛と呪いの日本近代〔増補版〕』御茶の水書房、一九九五年
佐藤郁哉『暴走族のエスノグラフィー――モードの叛乱と文化の呪縛』新曜社、一九八四年
西城戸誠・宮内泰介・黒田暁(編)『震災と地域再生――石巻市北上町に生きる人びと』法政大学出版局、二〇一六年

第六章

田中愛治(監修)日野愛郎・田中愛治(編)『世論調査の新しい地平――CASI方式世論調査』勁草書房、二〇一三年
樋口耕一『社会調査のための計量テキスト分析――内容分析の継承と発展をめざして』ナカニシヤ出版、二〇一四年
辻村明・古畑和孝・飽戸弘(編)『世界は日本をどう見ているか――対日イメージの研究』日本評論社、一九八七年

二〇一六年アメリカ大統領選挙の余韻が漂うなかで、この「おわりに」を書いている。第一章でも述べたように、大統領選挙と世論調査は歴史的に深いかかわりをもっており、事前調査結果への注目度は高い。今回の選挙では、マスコミの「クリントン候補優勢」という予測が外れたことについて、その予測のもとになった調査についても、標本抽出の問題点、回答者の非協力やウソ（いわゆる「隠れトランプ票」）の可能性などが指摘されている。

しかし、調査と予測とは異なる。予測の失敗は、事前調査の失敗を必ずしも意味しない。

残念ながら、細かい情報は伝わってこないが、全国での二候補の支持状況をみると、朝日新聞が引用する選挙予測サイトの事前調査によれば、トランプ四四・八％、クリントン四六・六％であったのに対して、選挙の結果はトランプ四七・三％、クリントン四七・八％であった。事前調査は、かなり的確に把握しているといえるのではないか（第三章2・3節を参照）。

よく知られているように、大統領選挙では州ごとの勝敗が決定的に重要である。右の朝日新聞の記事では、統計的推測から勝利が割合濃厚と予測できる有力州と、接戦だが支持率は相手を上回っている接戦州とにわけて議論している。クリントン候補の場合、勝利が濃厚なのは一八州とワシントン特別区、接戦州は七州であった。選挙の結果は、有力州の予想が外れたのはわずか一州であったのに対して、接戦州では三州でしか勝利できなかった。これが敗因である。

ここでも、調査はかなり的確だといえるが、トランプ候補の「勢い」のようなものを(調査で)把握することは難しく、調査以外の情報を加えて探るしかない。「クリントン優勢」の記事を書いた記者も、その「勢い」の把握に失敗したのだ。

ただし、私にはまったく逆の経験もある。

かなり以前のことになるが、ある地方新聞社が実施した総選挙の事前調査に協力したことがある。集計が終わると、記事を実際に執筆する記者たちを交えて、検討会が開かれる。そこでよく聞かれるのは、「調査結果はそうかも知れないけれども、私が選挙事務所を廻った感触では、……」とか「勢いがある」というような記者たちの言葉であり、その線に沿って記事が書かれる。

しかし、少なくとも私が協力した二度ほどの総選挙では、もし調査結果をそのまま文章にした記事が書かれたとしたら、記者たちの「感触」を交えた記事よりも、そちらの方が予測としては正しかったのである。

ところで、私がはじめて社会調査にかかわったのは、東京都板橋区で行われた「大都市住民の政治意識調査」（一九六六年）に学生調査員として参加したときである。社会調査法の授業の一環であり、約半世紀前のことである。調査地点は、小規模な商店や住宅がぎっしりと詰まった下町で、同じ東京都内とはいいながら、私が下宿していた山の手の住宅街との違いにビックリしたことと、決して快く協力してくれる人ばかりではなかったこととの記憶がある。

それ以後、調査員として、調査の企画・実施者として、あるいは授業の担当者として、社会調査にかかわってきた。それは、一つには研究のデータを得るためであり、もう一つには社会調査法と統計分析法への関心からである。

後者についていえば、転職回数が異なることによって、個々人でその量が大きく違ってくる職業経歴データの分析法（SSM調査）、自由回答や作文などのテキストデータの分析法（対日イメージ研究）、性行動の体験などのように、なかなか本当のところを語ってもらえそうもないような事項の調査法（JASE調査）などに取り組んできた。いずれも、通常の調査方法や分析方法では対応することが困難な課題である。また、第四章でふれたソフトウェアSPSSの我が国への導入にもかかわった。こうした経験を生かしたいと思いながら執筆をしたのだが、どこまでその目標が達成できているであろうか。

なお、本書が出来上がるまでについても、少なくとも私の中では長い経緯がある。一九八二年頃であったと思うが、恩師の福武直先生から、御著書の『社会調査』（岩波全書、一九五八年）の補訂と、その後の全面的な書き直しをして欲しいという依頼があった。しかし、必ずしも私の怠慢だけではないさまざまな事情から、この企画はその後中止になる。私はすっかりやる気を失ってしまったが、再びその気になるきっかけになったのは、「はじめに」でも書いたように、放送大学からの授業依頼であった。その教科書が本書のもとになっている。

もちろん、本書は福武先生の名著には及ぶべくもないけれども、出来のよくない宿題をとりあえず提出し終えたような気分で、ホッとしている。機会を与えて下さった放送大学、出版の左右社の皆さんに、併せて個別訪問面接調査風景のモデルを務めていただいた田中茜さん、原容子さんにも、厚くお礼を申しあげる。

二〇一六年

原純輔

創刊の辞

この叢書は、これまでに放送大学の授業で用いられた印刷教材つまりテキストの一部を、再録する形で作成されたものである。一旦作成されたテキストは、これを用いて同時に放映されるテレビ、ラジオ（一部インターネット）の放送教材が一般に四年間で閉講される関係で、やはり四年間でその使命を終える仕組みになっている。使命を終えたテキストは、それ以後世の中に登場することはない。これでは、あまりにもったいないという声が、近年、大学の内外で起こってきた。というのも放送大学のテキストは、関係する教員がその優れた研究業績を基に時間とエネルギーをかけ、文字通り精魂をこめ執筆したものだからである。これらのテキストの中には、世間で出版業界によって刊行されている新書、叢書の類と比較して遜色のない、否それを凌駕する内容のものが数多あると自負している。本叢書が豊かな文化的教養の書として、多数の読者に迎えられることを切望してやまない。

二〇〇九年二月

放送大学長　石　弘光

放送大学

学びたい人すべてに開かれた
遠隔教育の大学

〒261-8586 千葉市美浜区若葉2-11
Tel: 043-276-5111　Fax: 043-297-2781　www.ouj.ac.jp

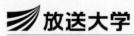

原 純輔（はら・じゅんすけ）
社会学。東北大学名誉教授。主な著書に『社会階層』（共著、東京大学出版会。英語版、韓国語版も）、『社会調査演習』（共著、東京大学出版会）『流動化と社会格差』（編著、ミネルヴァ書房）などがある。

1945年　新潟県生まれ
1968年　東京大学文学部卒業
1973年　東京大学大学院社会学研究科博士課程中退
　　　　横浜国立大学教育学部講師
1974年　同大学助教授
1991年　東京都立大学人文学部助教授
1993年　同大学教授
1994年　東北大学文学部教授
2006年　同大学大学院文学研究科長・文学部長
2009年　放送大学特任教授・宮城学習センター所長

シリーズ企画：放送大学

社会調査
しくみと考えかた

2016年12月30日　第一刷発行

著者　原純輔

発行者　小柳学

発行所　株式会社左右社
〒150-0002 東京都渋谷区渋谷2-7-6-502
Tel: 03-3486-6583　Fax: 03-3486-6584
http://www.sayusha.com

装幀　松田行正＋杉本聖士

印刷・製本　中央精版印刷株式会社

Printed in Japan ISBN978-4-86528-165-1

放送大学叢書

茶の湯といけばなの歴史　日本の生活文化
熊倉功夫　定価一七一四円＋税〈三刷〉

徒然草をどう読むか
島内裕子　定価一五二四円＋税〈三刷〉

自己を見つめる
渡邊二郎　定価一六一九円＋税〈三刷〉

人間らしく生きる　現代の貧困とセーフティネット
杉村宏　定価一五二四円＋税

教育の方法
佐藤学　定価一五二四円＋税〈八刷〉

〈科学の発想〉をたずねて　自然哲学から現代科学まで
橋本毅彦　定価一六一九円＋税〈二刷〉

西洋近代絵画の見方・学び方
木村三郎　定価二〇〇〇円＋税

〈こころ〉で視る・知る・理解する　認知心理学入門
小谷津孝明　定価一六一九円＋税

西部邁の経済思想入門
西部邁　定価一七〇〇円＋税〈三刷〉

学びの心理学　授業をデザインする
秋田喜代美　定価一六〇〇円＋税〈三刷〉

〈中国思想〉再発見
溝口雄三　定価一六一九円＋税〈二刷〉

少年非行　社会はどう処遇しているか
鮎川潤　定価一八〇〇円＋税〈二刷〉

家族と法　比較家族法への招待
大村敦志　定価一八〇〇円＋税

芸術は世界の力である
青山昌文　定価一九〇〇円＋税

立憲主義について　成立過程と現代
佐藤幸治　定価一八〇〇円＋税〈四刷〉

心をめぐるパラダイム　人工知能はいかに可能か
西川泰夫　定価一八〇〇円＋税

科学の考え方　論理・作法・技術
濱田嘉昭　定価一八〇〇円＋税

ミュージックスとの付き合い方　民族音楽学の拡がり
徳丸吉彦　定価二一〇〇円＋税

哲学の原点　ソクラテス・プラトン・アリストテレスの知恵の愛求としての哲学
天野正幸　定価三六〇〇円＋税

戦前史のダイナミズム
御厨貴　定価一八五〇円＋税

ヘーゲルを読む　自由に生きるために
髙山守　定価二二〇〇円＋税